法律法规案例注释版系列

中华人民共和国
安全生产法

案例注释版

中国法制出版社
CHINA LEGAL PUBLISHING HOUSE

图书在版编目（CIP）数据

中华人民共和国安全生产法：案例注释版/中国法制出版社编．—北京：中国法制出版社，2021.6

（法律法规案例注释版系列；19）

ISBN 978－7－5216－1957－7

Ⅰ.①中… Ⅱ.①中… Ⅲ.①安全生产－安全法规－案例－中国 Ⅳ.①D922.545

中国版本图书馆 CIP 数据核字（2021）第 105100 号

责任编辑 谢雯 孙静　　封面设计 蒋怡 杨鑫宇

中华人民共和国安全生产法：案例注释版

ZHONGHUA RENMIN GONGHEGUO ANQUAN SHENGCHANFA：ANLI ZHUSHIBAN

经销/新华书店

印刷/三河市国英印务有限公司

开本/850 毫米×1168 毫米　32 开　　印张/5.5　字数/149 千

版次/2021 年 6 月第 1 版　　2021 年 6 月第 1 次印刷

中国法制出版社出版

书号 ISBN 978－7－5216－1957－7　　定价：16.00 元

北京西单横二条 2 号

邮政编码 100031　　传真：010－66031119

网址：http：//www.zgfzs.com　　**编辑部电话：010－63141794**

市场营销部电话：010－66033393　　**邮购部电话：010－66033288**

（如有印装质量问题，请与本社印务部联系调换。电话：010－66032926）

第五版说明

“法律的生命不在于逻辑，而在于经验。”我国各级人民法院作出的生效裁判是审判经验的结晶，是法律适用在社会生活中真实、具体而生动的表现，是连接抽象法律与现实纠纷的桥梁。因此，了解和适用法律最好的办法，就是阅读、参考已发生并裁判生效的真实案例。从广大读者学法用法以及法官、律师等司法实务人员工作的实际需要出发，我们组织编写了这套“法律法规案例注释版”丛书。该丛书侧重“以案释法”，期冀通过案例注释法条的方法，将法律条文与真实判例相结合，帮助读者准确理解与适用法律条文，并领会法律制度的内在精神。

丛书最大的特点是：

第一，专业性。

丛书所编选案例的原始资料来源于各级人民法院已经审结并发生法律效力的判决，从阐释法律规定的需要出发，加工整理而成。案例来源主要包括但不限于：最高人民法院、最高人民检察院公布的指导案例；各级人民法院和人民检察院总结编撰并发布的供本辖区人民法院、人民检察院办案参阅、参考的典型案例。对于没有相关真实案例的重点法条，则从全国人大常委会法工委等立法部门对条文的专业解读中提炼条文注释。

第二，示范性。

裁判案例是法院依法对特定主体之间在特定时间、地点发生的法律纠纷作出的裁判，其本身具有真实性、指导性和示范性的特点。丛书选择的案例紧扣法律条文规定，对于读者有很强的参考借鉴价值。

第三，实用性。

每本书都由专业人士撰写主体法的适用提示，以帮助读者对该法有整体的了解。丛书设置“相关案例索引”栏目，列举更多的相关案例，归纳出案件要点，以期通过相关的案例，进一步发现、领会和把握法律规则、原则，从而作为解决实际问题的参考，做到举一反三。此外，我们还在主体法律文件之后收录重要配套法律文件，以及相应的法律流程图表、文书等内容，方便读者查找和使用。

希望本丛书能够成为广大读者学习、理解和运用法律的得力帮手！

2021 年 6 月

目　录

适用提示 …………………………………………………………… 1

中华人民共和国安全生产法

第一章　总　　则

第 一 条　【立法目的】 ………………………………………… 1
第 二 条　【适用范围和调整事项】 …………………………… 3
　案例 1　姜某与某旗应急管理局安全生产行政管理纠纷案 ………… 4
第 三 条　【安全生产工作方针和工作机制】 ………………… 5
第 四 条　【生产经营单位基本义务】 ………………………… 6
第 五 条　【生产经营单位主要负责人的主体责任】 ………… 7
第 六 条　【从业人员安全生产的权利和义务】 ……………… 7
　案例 2　何某良诉成都市武侯区劳动局工伤认定行政行为案 ……… 9
　案例 3　李某帅与通用富士公司等提供劳务者受害责任纠纷案…… 11
第 七 条　【工会职责】 ………………………………………… 13
第 八 条　【各级人民政府在安全生产规划的职责】 ………… 14
第 九 条　【各级人民政府在安全生产方面的具体职责】 …… 15
第 十 条　【安全生产监督管理体制】 ………………………… 16
第十一条　【安全生产国家标准、行业标准的制定和执行】 … 17
第十二条　【安全生产强制性国家标准】 ……………………… 17

第 十 三 条　【加强安全生产的宣传教育】 …………………… 17
第 十 四 条　【协会组织在安全生产方面的职责】 ……………… 18
第 十 五 条　【为安全生产提供技术、管理服务的机构】 ……… 19
第 十 六 条　【生产安全事故责任追究制度】 …………………… 19
案例 4　赵某某玩忽职守案…………………………………………… 19
第 十 七 条　【权利和责任清单】 ………………………………… 21
第 十 八 条　【支持发展】 ………………………………………… 21
第 十 九 条　【奖励】 ……………………………………………… 21
案例 5　广源公司与某区工商局行政处罚案……………………… 22

第二章　生产经营单位的安全生产保障

第 二 十 条　【安全生产条件】 …………………………………… 24
第二十一条　【生产经营单位主要负责人安全生产职责】 ……… 25
第二十二条　【安全生产责任制】 ………………………………… 26
第二十三条　【资金投入及安全生产费用】 ……………………… 26
案例 6　谢某安、某区应急管理局行政诉讼案…………………… 27
第二十四条　【安全生产管理机构及人员】 ……………………… 28
第二十五条　【安全生产管理机构及人员的职责】 ……………… 29
第二十六条　【安全生产管理机构以及安全生产管理人员履职要求和履职保障】 ………………………………………… 30
第二十七条　【主要负责人和安全生产管理人员的知识、管理能力要求】 ……………………………………………… 31
第二十八条　【从业人员的教育和培训】 ………………………… 32
案例 7　华奥电梯公司、某县应急管理局质量监督检验检疫行政管理案……………………………………………………… 33
案例 8　骑云公司诉某区应急管理局行政纠纷案………………… 34
第二十九条　【技术更新的教育和培训】 ………………………… 37
第 三 十 条　【特种作业人员的资格要求】 ……………………… 38
第三十一条　【建设项目的安全设施“三同时”原则】 ………… 38

第三十二条　【特殊建设项目的安全评价】 …… 39
第三十三条　【设计和审查人员的责任】 …… 39
第三十四条　【建设项目安全设施的施工和竣工验收及其监督检查】 …… 40
案例 9　森源公司与中交煤热公司建设工程设计合同纠纷案 …… 40
第三十五条　【安全警示标志】 …… 44
案例 10　许某生、吴某仙诉东南发展、万祥船舶海上人身损害责任纠纷案 …… 44
案例 11　袁某聪、伍某以生命权、健康权、身体权纠纷案 …… 46
第三十六条　【生产经营单位安全设备管理】 …… 48
案例 12　张某 3 等与新讯公司等提供劳务者受害责任纠纷案 …… 49
第三十七条　【危险物品的容器、运输工具以及部分特种设备的特殊管理】 …… 52
第三十八条　【淘汰制度】 …… 53
第三十九条　【危险物品的监管】 …… 53
案例 13　五星货运部与某区应急局行政处罚纠纷案 …… 54
第 四 十 条　【重大危险源管理】 …… 56
第四十一条　【生产经营单位事故隐患治理】 …… 57
第四十二条　【生产经营场所和员工宿舍的安全要求】 …… 58
案例 14　王某辉诉志涵公司等生命权、健康权、身体权纠纷案 …… 58
第四十三条　【危险作业现场的安全管理】 …… 60
案例 15　昇茂公司与某区应急管理局行政处罚案 …… 60
第四十四条　【从业人员的安全管理】 …… 62
第四十五条　【劳动防护用品】 …… 63
案例 16　巩某波、某市人力资源和社会保障局劳动和社会保障行政管理纠纷案 …… 63
第四十六条　【安全检查和报告义务】 …… 66

第四十七条　【经费保障】 …………………………………… 67
第四十八条　【生产经营单位间的安全生产管理协议】 ………… 67
第四十九条　【生产经营项目、场所、设备发包或出租的安全生产责任】 …………………………………… 67
第 五 十 条　【生产安全事故的处理】 ……………………… 68
第五十一条　【工伤保险】 …………………………………… 68

第三章　从业人员的安全生产权利义务

第五十二条　【劳动合同的安全条款】 ……………………… 69
案例 17　蜀风园林公司与某区应急管理局、某区管理委员会行政纠纷案 …………………………………… 69
第五十三条　【知情权和建议权】 …………………………… 72
第五十四条　【批评、检举、控告权】 ……………………… 73
第五十五条　【紧急情况处置权】 …………………………… 73
第五十六条　【获得赔偿权】 ………………………………… 74
案例 18　杨某祥诉蒂森北京分公司劳动争议案 ……………… 74
第五十七条　【服从安全管理的义务】 ……………………… 77
第五十八条　【接受教育和培训的义务】 …………………… 77
第五十九条　【事故隐患或者不安全因素的报告义务】 ……… 77
第 六 十 条　【工会对安全生产工作的职责】 ……………… 77
第六十一条　【劳务派遣的用工形式】 ……………………… 78
案例 19　韩某英与有色金属公司生命权、健康权、身体权纠纷案 …………………………………… 78

第四章　安全生产的监督管理

第六十二条　【政府及安全生产监督管理部门的职责】 ……… 81
第六十三条　【安全生产事项的审批】 ……………………… 81
第六十四条　【政府监管的限制】 …………………………… 82
第六十五条　【监督检查的职权范围】 ……………………… 82

案例 20 顺翔公司与某省应急管理厅、某市应急管理局其他行政管理案 …… 83
第六十六条 【监督检查的配合】 …… 86
第六十七条 【监督检查的要求】 …… 87
第六十八条 【监督检查的记录】 …… 87
案例 21 李某、某市城乡建设委员会城乡建设行政管理纠纷案 …… 88
第六十九条 【联合检查与分别检查】 …… 89
案例 22 李某明诉某区安全生产监督管理局等行政纠纷案 …… 89
第 七 十 条 【强制措施】 …… 91
第七十一条 【安全生产监察】 …… 92
案例 23 肖某明与某县安全生产监督管理局、花园鞭炮厂不履行法定职责案 …… 93
第七十二条 【检评机构的条件和责任】 …… 94
第七十三条 【举报制度】 …… 94
第七十四条 【举报权】 …… 95
第七十五条 【举报义务】 …… 95
案例 24 李某红与某镇政府、某县安全生产监督管理局行政纠纷案 …… 96
第七十六条 【举报奖励】 …… 97
第七十七条 【舆论监督】 …… 97
第七十八条 【安全生产违法行为信息库】 …… 97

第五章 生产安全事故的应急救援与调查处理

第七十九条 【生产安全事故应急能力建设】 …… 98
第 八 十 条 【政府职责】 …… 99
第八十一条 【生产安全事故应急预案及演练】 …… 100

案例 25　大辅公司与甲市应急管理局、乙市应急管理局行政复议案 …… 100

第八十二条　【组织和设备的要求】 …… 102
第八十三条　【生产经营单位的事故报告】 …… 102
第八十四条　【安全监管部门的事故报告】 …… 103
案例 26　李某与某区应急管理局行政纠纷案 …… 103

第八十五条　【事故抢救】 …… 105
第八十六条　【事故调查与处理】 …… 106
第八十七条　【有关行政部门的法律责任】 …… 106
案例 27　王某明与某市人民政府安全生产事故批复案 …… 107

第八十八条　【事故调查处理不得干涉】 …… 108
第八十九条　【事故定期统计分析和定期公布制度】 …… 108

第六章　法律责任

第九十条　【审批监管工作人员的法律责任】 …… 109
第九十一条　【监管部门的法律责任】 …… 110
第九十二条　【检评机构违法】 …… 110
第九十三条　【资金投入违法】 …… 111
第九十四条　【单位负责人违法】 …… 111
第九十五条　【对主要负责人的罚款】 …… 112
第九十六条　【对安全生产管理人员的处罚】 …… 113
第九十七条　【对生产经营单位的处罚】 …… 114
第九十八条　【生产经营单位建设项目违法（一）】 …… 115
第九十九条　【生产经营单位建设项目违法（二）】 …… 116
第一百条　【违法经营危险物品】 …… 117
案例 28　某科技公司、某区应急管理局行政纠纷案 …… 117

第一百零一条　【生产经营单位危险物品违法】 …… 120
案例 29　马某诉某市应急管理局行政处罚案 …… 120

第一百零二条　【消除事故隐患的责任】…………………………… 122
案例 30　某县应急管理局、天星公司行政纠纷案………………… 123
第一百零三条　【生产经营单位违法发包、出租的法律责任】 … 124
案例 31　致真餐饮公司诉某区安全生产监督管理局、某市安全生产监督管理局行政处罚决定及行政复议决定案…… 125
第一百零四条　【同一作业区域内违法行为的法律责任】……… 127
第一百零五条　【生产经营场所和员工宿舍不符合有关安全要求的法律责任】…………………………… 128
案例 32　高某善、某市安全生产监督管理局行政纠纷案………… 128
第一百零六条　【免责协议违法】…………………………………… 130
第一百零七条　【从业人员违章操作的法律责任】……………… 130
第一百零八条　【拒绝、阻碍监督检查的责任】………………… 131
第一百零九条　【强制投保安全生产责任保险】………………… 131
第一百一十条　【单位负责人事故处理违法】…………………… 131
第一百一十一条　【政府部门事故处理违法】…………………… 132
第一百一十二条　【按日处罚规则】……………………………… 132
第一百一十三条　【对事故责任单位的处罚情形】……………… 132
第一百一十四条　【对事故责任单位的分级处罚】……………… 133
第一百一十五条　【行政处罚】…………………………………… 134
第一百一十六条　【赔偿责任】…………………………………… 135
案例 33　郑某平、邓某英生命权、健康权、身体权纠纷案……… 135

第七章　附　　则

第一百一十七条　【用语解释】…………………………………… 138
第一百一十八条　【重大事故及隐患的划分及判定标准】………… 139
第一百一十九条　【生效日期】…………………………………… 139

附录一

全国人民代表大会常务委员会关于修改《中华人民共和国安全生产法》的决定 ………… 140
（2021 年 6 月 10 日）

附录二

中华人民共和国刑法（节录） ………… 150
（2020 年 12 月 26 日）
安全生产许可证条例 ………… 153
（2014 年 7 月 29 日）
最高人民法院、最高人民检察院关于办理危害生产安全刑事案件适用法律若干问题的解释 ………… 156
（2015 年 12 月 14 日）

适用提示

生命重于泰山。党中央多次强调各级党委和政府务必把安全生产摆到重要位置，统筹发展和安全，坚持人民至上、生命至上，树牢安全发展理念，严格落实安全生产责任制，而落实生产经营单位的主体责任是预防和减少事故的根本途径。强化风险防控，从根本上消除事故隐患，切实把确保人民生命安全放在第一位落到实处。

近年来，我国积极推进安全生产法规建设，完善相关法律法规体系，就法律建设和完善角度而言，我国历来注重运用法治思维解决突出问题，积极回应社会关切热点，坚持以良法促进发展保障善治，切实增强人民群众的获得感、幸福感、安全感。此外，成立应急管理部，指导安全生产类、自然灾害类应急救援，承担国家应对特别重大灾害指挥部工作，指导火灾、水旱灾害、地质灾害等防治，同时负责安全生产综合监督管理和工矿商贸行业安全生产监督管理等。

《中华人民共和国安全生产法》作为安全生产法律体系的核心法规，其适用广泛。在中华人民共和国领域内从事生产经营的单位都要遵守《中华人民共和国安全生产法》及其相关规定，相关单位的从业人员也要依据其生产作业并保护自己的合法权益。安全生产法也是一个广义的概念。矿山安全法、建筑法、煤炭法、职业病防治法、劳动法、劳动合同法、工会法、刑法等有关生产安全及劳动保护的规定，也是安全生产法律规定的一部分。

《中华人民共和国安全生产法》由第九届全国人民代表大会常务委员会第二十八次会议于2002年6月29日通过，自2002年11月1日起施行。2009年8月27日第十一届全国人民代表大会常务委员会第十次会议通过的《关于修改部分法律的决定》对该法进行了第一次修正。2014年8月31日第十二届全国人民代表大会常务委员会第十次会议通

[illegible]改〈中华人民共和国安全生产法〉的决定》对该法进行[illegible]修正。对预防和减少生产安全事故，保障人民群众生命财产安[illegible]了重要作用，但新发展阶段、新发展理念、新发展格局对安全生[illegible]出了更高的要求，需要对该法进行修改完善。2021 年 6 月 10 日第十三届全国人民代表大会常务委员会第二十九次会议通过的《全国人民代表大会常务委员会关于修改〈中华人民共和国安全生产法〉的决定》对该法进行第三次修正。

本次修改主要对以下几个方面进行了修改完善：

一、完善安全生产工作的指导原则

规定安全生产工作应当坚持中国共产党的领导，以人为本，坚持人民至上、生命至上，把保护人民生命安全摆在首位，树牢安全发展理念，坚持安全第一、预防为主、综合治理的方针，从源头上防范化解重大安全风险，实行管行业必须管安全、管业务必须管安全、管生产经营必须管安全。

二、强化和落实生产经营单位的主体责任

一是确保生产经营单位的安全生产责任制落实到位，规定生产经营单位应当建立健全全员安全生产责任制和安全生产规章制度，加大投入保障力度，改善安全生产条件，加强标准化建设，构建安全风险分级管控和隐患排查治理双重预防体系，健全风险防范化解机制。明确生产经营单位的主要负责人是本单位安全生产第一责任人，其他负责人对职责范围内的安全生产工作负责。

二是强化预防措施，规定生产经营单位应当建立安全风险分级管控制度，按安全风险分级采取相应管控措施；重大事故隐患排查治理情况应当及时向有关部门报告。

三是加大对从业人员心理疏导、精神慰藉等人文关怀和保护力度，防范行为异常导致事故发生。

四是发挥市场机制的推动作用，要求属于国家规定的高危行业、领域的生产经营单位应当投保安全生产责任保险。

三、完善监管措施，增强监管执行力，明确地方政府和有关部门的安全生产监督管理职责

一是强化领导责任，规定各级人民政府应当加强安全生产基础设施和能力建设，所需经费列入本级预算；乡、镇人民政府和街道办事处，以及开发区、港区、风景区等应当明确负责安全监管的机构及其职责，加强监管力量建设，建立完善安全风险评估与论证机制，实施重大安全风险联防联控。

二是厘清有关部门在安全生产强制性国家标准方面的职责，规定国务院有关部门分工负责安全生产强制性国家标准的有关工作，依据法定职责对强制性国家标准的实施进行监督检查。

三是提升安全生产监管的信息化、智能化水平，监管部门之间应当对重大危险源及有关安全和应急措施备案信息实现信息共享。有关部门应当将重大事故隐患纳入相关信息系统，建立健全治理督办制度，督促消除重大事故隐患。

国务院应急管理部门牵头建立全国统一的生产安全事故应急救援信息系统，有关部门和县级以上地方人民政府建立健全相关行业、领域、地区的事故应急救援信息系统，实现互联互通、信息共享，提升监管的精准化、智能化水平。

四、普遍提高对违法行为的罚款数额

为增加对违法行为的惩处和威慑力度，满足当前安全生产领域“重典治乱”的实际需要，对处罚力度予以提高，增加处罚计数规则。

一是在现行《中华人民共和国安全生产法》规定的基础上，普遍提高了对违法行为的罚款数额。

二是增加生产经营单位被责令改正且受到罚款处罚，拒不改正的，监管部门可以按日连续处罚。

三是针对安全生产领域“屡禁不止、屡罚不改”等问题，加大对违法行为恶劣的生产经营单位关闭力度，依法吊销有关证照，对主要负责人实施职业禁入。

四是增加规定安全生产违法行为信息通报制度，有关部门和机构对存在失信行为的生产经营单位及人员采取联合惩戒措施，加大对违法失信行为的联合惩戒和公开力度，规定监管部门发现生产经营单位未按规定履行公示义务的，予以联合惩戒；有关部门和机构对存在失信行为的单位及人员采取联合惩戒措施，并向社会公示。

五、完善了相应的安全生产保障措施和法律责任，强化安全生产监督管理

增加规定：矿山、金属冶炼建设项目和用于生产、储存、装卸危险物品的建设项目施工单位应当加强对施工项目的安全管理，不得倒卖、出租、出借、挂靠或者以其他形式非法转让施工资质，不得将其承包的全部建设工程转包给第三人或者将其承包的全部建设工程肢解以后以分包的名义分别转包给第三人，不得将工程分包给不具备相应资质条件的单位。

六、明确平台经济等新兴行业、领域的安全生产责任

增加规定：平台经济等新兴行业、领域的生产经营单位应当根据本行业、领域的特点，建立健全并落实全员安全生产责任制，履行本法和其他法律、法规规定的有关安全生产义务；对新兴行业、领域的安全生产监督管理职责不明确的，由县级以上地方各级人民政府按照业务相近的原则确定监督管理部门。

中华人民共和国安全生产法

（2002 年 6 月 29 日第九届全国人民代表大会常务委员会第二十八次会议通过　根据 2009 年 8 月 27 日第十一届全国人民代表大会常务委员会第十次会议《关于修改部分法律的决定》第一次修正　根据 2014 年 8 月 31 日第十二届全国人民代表大会常务委员会第十次会议《关于修改〈中华人民共和国安全生产法〉的决定》第二次修正　根据 2021 年 6 月 10 日第十三届全国人民代表大会常务委员会第二十九次会议《关于修改〈中华人民共和国安全生产法〉的决定》第三次修正）

目　　录

第一章　总　　则
第二章　生产经营单位的安全生产保障
第三章　从业人员的安全生产权利义务
第四章　安全生产的监督管理
第五章　生产安全事故的应急救援与调查处理
第六章　法律责任
第七章　附　　则

第一章　总　　则

第一条　【立法目的】[①] 为了加强安全生产工作，防止和减少生产安全事故，保障人民群众生命和财产安全，促进经济社会持续健康发展，制定本法。

① 条文主旨为编者所加，下同。

条文注释

本条是关于立法目的的规定。主要分为四个层次：

(1) 加强安全生产工作。在市场经济条件下，各生产经营活动的市场主体可能存在片面追求经济利益最大化，从而忽略劳动人员甚至是公众的生命安全。故在本法第一条就明确，必须运用国家权利，加强对生产工作的管理、监督和指导，也是党和政府把人民群众生命财产安全放在首位的生动体现。

(2) 防止和减少生产安全事故。生产事故按照人员伤亡或者直接经济损失的情况，分为四个等级：特别重大事故、重大事故、较大事故、一般事故。特别是2018年，为防范化解重特大安全风险，健全公共安全体系，整合优化应急力量和资源，推动形成统一指挥、专常兼备、反应灵敏、上下联动、平战结合的中国特色应急管理体制，提高防灾减灾救灾能力，确保人民群众生命财产安全和社会稳定，组建应急管理部，指导安全生产类、自然灾害类应急救援，承担国家应对特别重大灾害指挥部工作，负责安全生产综合监督管理和工矿商贸行业安全生产监督管理等多项职能，进一步把安全生产放在突出位置上。

(3) 保障人民群众生命和财产安全。这里的“人民”不限于从业人员，还包括周围群众，“财产”除不限于生产经营单位本身的财产损失外，还包括周围群众的财产损失。

(4) 促进经济社会持续健康发展。只有安全生产状况持续稳定，才能保障经济社会的全面、协调、可持续健康发展。

需要注意的是，需要厘清以下几个含义：(1) 安全生产，是指在生产经营活动中，为避免发生造成人员伤害和财产损失的事故，有效消除或控制危险和有害因素而采取一系列措施，使生产过程在符合规定的条件下进行，以保证从业人员的人身安全与健康，设备和设施免受损坏，环境免遭破坏，保证生产经营活动得以顺利进行的相关活动。可见，这里是一个广义的概念，不仅包括各种产品的生产活动，还包括各类工程建设和商业、娱乐业以及其他服务业的经营活动。(2) 生产安全事故，是指生产经营单位在生产经营活动（包括与生产经营有关的活动）中突然发生的，伤害人身安全和健康、损坏设备设施或者造成直接经济损失，导致生产经营活动（包括与生产经营活动有关的活动）暂时中止或永远终止的意外事件。

● ***相关规定***

《生产安全事故报告和调查处理条例》第2～3条；《国务院关于进一步加强安全生产工作的决定》；《国务院办公厅关于印发安全生产“十三五”规划的通知》

第二条　【适用范围和调整事项】在中华人民共和国领域内从事生产经营活动的单位（以下统称生产经营单位）的安全生产，适用本法；有关法律、行政法规对消防安全和道路交通安全、铁路交通安全、水上交通安全、民用航空安全以及核与辐射安全、特种设备安全另有规定的，适用其规定。

条文注释

本条是关于《中华人民共和国安全生产法》适用范围的规定。

法律的适用范围包括时间效力和空间效力，这里指空间效力，即在何种地域范围、对何人生效。所谓“对何人生效”，即法律关系主体范围。

本法适用的主体范围，是在中华人民共和国领域内从事生产经营活动的单位，是指一切合法或者非法从事生产经营活动的企业、事业单位和个体经济组织以及其他组织。这里不区分国有企业事业单位、集体所有制的企业事业单位，或者合伙企业、个人独资企业等企业性质，也不区分经营规模大小，只要从事生产经营活动，即纳入本法的空间效力范围。

需要注意的是，不是所有的安全问题，都纳入本法效力调整范围，只有在生产经营活动中产生的安全问题才适用本法，故非生产经营活动中的安全问题，就不属于本法的调整范围。此外，还有一些特殊的生产领域和安全注意事项，如交通运输属于特殊的生产经营，其在移动中完成经营活动，因此需要具体适用相关领域法律规定，也即本法后半句所称的适用除外规定。

案例 1

姜某与某旗应急管理局安全生产行政管理纠纷案［内蒙古自治区呼伦贝尔市中级人民法院（2020）内07行终34号］

原告姜某系死者姜某军的哥哥，姜某军系第三人红花尔基公司的运维值班员。2018年8月12日16时30分许，在当晚零点值夜班的姜某军在红花尔基水库大坝底部落水。当日20时许，姜某军被打捞上岸，已死亡。公安机关出具了死亡证明。被告某旗应急管理局调查后认定本次事故不属于安全生产事故。原告认为被告违反了《中华人民共和国安全生产法》第十八条、第十九条的规定，认定事实不清，因姜某军除本职工作外，还负责监督监控安装的工程质量。另被告还违反了《安全生产违法行为行政处罚办法》第二十九条第二款第三项的规定，未制作不给予行政处罚的决定。被告行为违反了法定程序。故原告起诉至法院，请求依法判决确认被告的行为违法。

原审法院认为，根据《中华人民共和国安全生产法》的规定，被告某旗应急管理局负责本行政区域内的安全生产监督管理工作。与姜某军一同落水的陈某在询问笔录中说明，二人是相约“出去溜达溜达”，结合被告提交的其他证据，可以认定姜某军前往大坝附近与其本职工作无关，也非单位指派。原告提交的证据无法证明姜某军是因工作原因到达事故现场，而安全生产事故是经营单位在生产经营活动中发生的事故。本案姜某军溺亡事故不是在其本职工作中发生的，被告不予认定安全生产事故的行为符合相关法律规定。法律没有明文规定对不构成安全生产事故的情况必须出具书面决定，原告主张被告程序违法没有法律依据。原告诉讼请求不成立，该院不予支持。另查明，原审第三人红花尔基公司的经营范围是：供水、发供电；旅游项目开发、旅游、水上项目经营；水电工程建设管理；餐饮、住宿服务。二审庭审中，原审第三人陈述姜某军不具有巡查水面的工作职责，其是在职工下班就餐期间进入到水库库区，发生的溺水身亡事件。

二审法院认为，《中华人民共和国安全生产法》第九条第二款规定，县级以上地方各级人民政府有关部门依照本法和其他有关法律、法规的规定，在各自的职责范围内对有关行业、领域的安全生产工作实施监督管理，被上诉人作为安全生产监督部门，具有对辖区内安全生产工作进行监督管理的职权。《中华人民共和国安全生产法》第二条规定“在中华人民共和国领域内从事生产经营活动的单位的安全生产，适用本法原审第三人的经营范围包括“供水、发供电”，其应当根据本单位的生产经营特点，进行安全生产管理。虽然姜某军在该公司不具有巡查水面的工作职责，但由于原审第三人疏于安全生产管理，致使姜某军在职工下班就餐期间缺乏巡护的情况下进入到了全封闭的水库大坝，而事发水面始终是处于供水、发供电等生产经营状态中，被上诉人认定姜某军溺水身亡不属于生产安全事故，缺乏事实依据和法律依据，违反了《中华人民共和国安全生产法》的规定。二审法院认为被上诉人某旗应急管理局认定姜某军溺亡不属于生产安全事故的行政行为违法。

● ***相关规定***

《道路交通安全法》第 5 条、第 6 条、第 70 条；《海上交通安全法》第 2 条；《铁路法》第 1 ~2 条；《消防法》第 4 条、第 52 条、第 53 条；《特种设备安全法》第 2 条、第 5 条；《民用航空法》第 3 条；《建筑法》第 2 条、第 6 条；《民用核安全设备监督管理条例》第 3 ~4 条

第三条　【安全生产工作方针和工作机制】安全生产工作坚持中国共产党的领导。

安全生产工作应当以人为本，坚持人民至上、生命至上，把保护人民生命安全摆在首位，树牢安全发展理念，坚持安全第一、预防为主、综合治理的方针，从源头上防范化解重大安全风险。

安全生产工作实行管行业必须管安全、管业务必须管安全、管生产经营必须管安全，强化和落实生产经营单位主体责任与政府监管责任，建立生产经营单位负责、职工参与、政府监管、行业自律和社会监督的机制。

条文注释

党的十八大以来，党中央强调要牢固树立新发展理念，坚持底线思

维，强化风险意识，应急管理部肩负防范化解重大安全风险的职责使命，成立以来在推动应急管理事业法治化工作中取得重要进展，有力地维护了人民群众生命财产安全和社会稳定。本次修改，将“安全生产工作应当以人为本，坚持人民至上、生命至上，把保护人民生命安全摆在首位，树牢安全发展理念”正式写入法律条文，可见党和政府对安全生产的重视以及保护群众生命财产安全的决心。

特别是2021年3月，《国民经济和社会发展第十四个五年规划和2035年远景目标纲要》发布。规划纲要在“统筹发展和安全　建设更高水平的平安中国”专篇下设“全面提高公共安全保障能力”专章，提出坚持人民至上、生命至上，健全公共安全体制机制，严格落实公共安全责任和管理制度，保障人民生命安全。

本法修改前，强调“管生产必须管安全”的原则，本次修改增加“管行业必须管安全、管业务必须管安全”，更加契合安全生产工作多方配合、多方监督、齐抓共管的监督格局。

第四条　【生产经营单位基本义务】生产经营单位必须遵守本法和其他有关安全生产的法律、法规，加强安全生产管理，建立健全全员安全生产责任制和安全生产规章制度，加大对安全生产资金、物资、技术、人员的投入保障力度，改善安全生产条件，加强安全生产标准化、信息化建设，构建安全风险分级管控和隐患排查治理双重预防机制，健全风险防范化解机制，提高安全生产水平，确保安全生产。

平台经济等新兴行业、领域的生产经营单位应当根据本行业、领域的特点，建立健全并落实全员安全生产责任制，加强从业人员安全生产教育和培训，履行本法和其他法律、法规规定的有关安全生产义务。

条文注释

我国的安全生产方针是“安全第一、预防为主、综合治理”，同时基于安全生产法规建立各级领导、职能部门、工程技术人员、岗位操作人员在劳动生产过程中对安全生产层层负责的制度。

2021年3月，《国民经济和社会发展第十四个五年规划和2035年远景目标纲要》发布。规划纲要在“全面提高公共安全保障能力”专章中设“提高安全生产水平”“完善国家应急管理体系”两个专节，专门谋划布局安全生产和应急管理工作。“提高安全生产水平”专节提出，完善和落实安全生产责任制，建立公共安全隐患排查和安全预防控制体系。建立企业全员安全生产责任制度，压实企业安全生产主体责任。

本次修改明确要求“安全风险分级管控和隐患排查治理双重预防体系”，将对安全事故的预防摆在突出位置上，更加突出了安全生产方针中的“预防为主”。此外，与时俱进，根据安全生产的新情况、新发展，对平台经济等新兴行业、领域的生产安全作出规定。要求结合其行业、领域特点落实全员安全生产责任制。

● ***相关规定***

《劳动法》第52条；《矿山安全法》第3条；《建筑法》第3条；《煤炭法》第7条、第8条；《危险化学品安全管理条例》第4条

第五条　【生产经营单位主要负责人的主体责任】生产经营单位的主要负责人是本单位安全生产第一责任人，对本单位的安全生产工作全面负责。其他负责人对职责范围内的安全生产工作负责。

● ***相关规定***

《建筑法》第44条；《煤炭法》第31～34条；《矿山安全法》第20条

第六条　【从业人员安全生产的权利和义务】生产经营单位的从业人员有依法获得安全生产保障的权利，并应当依法履行安全生产方面的义务。

条文注释

本条是关于从业人员安全权利义务的规定。本法专设一章“从业人员的安全生产权利义务”，可见其重要性。本条是概括性规定。

从业人员享有安全生产保障权利。主要包括：(1) 有关安全生产的知情权。包括获得安全生产教育和技能培训的权利，被如实告知作业场所和工作岗位存在的危险因素、防范措施及事故应急措施的权利。(2) 有获得符合国家标准的劳动防护用品的权利。(3) 有对安全生产问题提出批评、建议的权利。从业人员有权对本单位安全生产管理工作存在问题提出建议、批评、检举、控告，生产单位不得因此作出对从业人员不利的处分。(4) 有对违章指挥的拒绝权。从业人员对管理者作出的可能危及安全的违章指挥，有权拒绝执行，并不得因此受到对自己不利的处分。(5) 有采取紧急避险措施的权利。从业人员发现直接危及人身安全的紧急情况时，有权停止作业或者在采取紧急措施后撤离作业场所，并不得因此受到对自己不利的处分。(6) 在发生生产安全事故后，有获得及时抢救和医疗救治并获得工伤保险赔付的权利等。

权利与义务相统一，从业人员享有获得安全生产保障权利的，也负有以自己的行为保证安全生产的义务。主要包括：(1) 在作业过程中必须遵守本单位的安全生产规章制度和操作规程，服从管理，不得违章作业。(2) 接受安全生产教育和培训，掌握本职工作所需要的安全生产知识。(3) 发现事故隐患应当及时向本单位安全生产管理人员或主要负责人报告。(4) 正确使用和佩戴劳动防护用品。只有每个从业人员都认真履行自己在安全生产方面的法定义务，生产经营单位的安全生产工作才能有保证。

需要注意的是，这里的从业人员，包括从事生产经营活动各项工作环节所有参与人员，既包括管理岗、技术岗和生产岗的各位人员，也包括临时聘用人员、派遣人员及实习人员。也就是说，这里的从业人员不完全等同于劳动者，包括但不限于劳动者，其范围大于劳动者的范围。

案例 2

何某良诉成都市武侯区劳动局工伤认定行政行为案（《中华人民共和国最高人民法院公报》2004 年第 9 期）

何某良系何某章之父。何某章生前系第三人某电路板厂工人，何某章 2000 年 2 月进厂工作时，未与厂方签订书面劳动合同。2002 年 9 月 24 日下午上班铃过后，何某章在进入车间工作前，到该厂厂区内的厕所（该厂只有该厕所）小便，几分钟后即被一起上班的工人发现仰面倒在厕所的地上不省人事，厂方立即将何某章送往武侯区人民医院抢救，经救治无效，何某章于 28 日死亡。武侯区人民医院出具的《死亡医学证明书》证明何某章死于“呼吸循环衰竭，重型颅脑损伤”。原、被告双方对以上事实认可无异议。

2002 年 10 月 8 日，原告何某良向被告成都市武侯区劳动局申请对何某章给予工伤（亡）认定。武侯区劳动局认为，何某章在工厂区域内、上班时间“上厕所”摔伤致死，不符合劳动部《企业职工工伤保险试行办法》第八条、四川省劳动厅《关于划分因工与非因工伤亡界限的暂行规定》第一条第一项及四川省劳动和社会保障厅《关于职工伤残性质认定问题的复函》关于工伤必须是“在工作时间、工作区域内（含因公外出），在完成本职工作任务中发生的意外摔伤”等规定，何某章“上厕所”是与其本职工作无直接关系的私事，因而何某章受伤死亡不属于应当认定为工伤的情形，并于 2002 年 10 月 23 日在《企业职工伤亡性质认定书》中认定何某章不是因工负伤（死亡）。何某良申请行政复议后，成都市劳动局于 2002 年 12 月 11 日在《行政复议决定书》中认为：“何某章在厂区内、上班时间在厕所里摔伤致死，是一次意外事故。申请人提出的请求理由事实证据和依据不足”，维持了武侯区劳动局对何某章不构成工伤的行政认定。

一审法院认为，本案中原、被告双方争议的主要焦点是：武侯区劳动局认定何某章在“上厕所”中因摔伤致死与其本职工作无关有无法律依据。

《中华人民共和国劳动法》第三条规定，劳动者享有“获得劳动安全卫生保护”的权利，“上厕所”是人的自然生理现象，任何用工单位或个人都应当为劳动者提供必要的劳动卫生条件，维护劳动者的基本权利。“上厕所”虽然是个人的生理现象，与劳动者的工作内容无关，但这是人必要的、合理的生理需要，与劳动者的正常工作密不可分，被告片面地认为“上厕所”是个人生理需要的私事，与劳动者的本职工作无关，故作出认定何某章不是工伤的具体行政行为，与劳动法保护劳动者合法权利的基本原则相悖，也有悖于社会常理；根据《企业职工工伤保险试行办法》第九条的规定，“职工由于下列情形之一造成负伤、致残、死亡的不应认定为工伤：(一) 犯罪或违法；(二) 自杀或自残；(三) 斗殴；(四) 酗酒；(五) 蓄意违章；(六) 法律、法规规定的其他情形”，其中列举的不应当认定为工伤的情形均是职工因自己的过错致伤、致残、死亡的，由于本案中没有证据证明何某章受伤是因自己的过错所致，因而不属于不应认定为工伤的情形。根据武侯区劳动局提供的四川省劳动厅《关于划分因工与非因工伤亡界限的暂行规定》第二条“确定比照因工伤亡的原则为：职工发生与生产、工作有一定关系的意外伤亡”的规定，即使是在上下班时间、在上下班必经路线途中，发生属于非本人主要责任的交通事故或其他无法抗拒的意外事故致残，完全丧失劳动能力或死亡的，都应当确定为比照因工伤亡，而何某章则是在上班时间在工作区域内发生的非本人过错的伤亡，不认定为工伤与上述法规、规定的本意不符，也没有相应的法律、法规依据。因此，武侯区劳动局根据何某良的申请对何某章受伤死亡作出不予认定为因工负伤的行政行为没有法律、法规依据。关于原、被告对何某章是不是因用工单位的厕所存在不安全因素摔伤致死的争议，因对本案不产生实际影响，故对此不作认定。

综上，被告武侯区劳动局在《企业职工伤亡性质认定书》中对何某章的伤亡性质认定为不是因工负伤不符合法律规定，所适用法规、规章不当，应予撤销。因武侯区劳动局为主管劳动与社会保障的行政机关，负有对其所辖区域内职工伤亡性质予以认定的行政管理职权，故被诉行政行为被撤销以后，应当根据当事人的申请，依法行使职权重新作出行政行为。原告何某良的诉讼请求，符合《中华人民共和国行政诉讼法》的规定，应予以支持。

据此，成都市武侯区人民法院撤销成都市武侯区劳动与社会保障局成武劳函［2002］23号《企业职工伤亡性质认定书》；并判决成都市武侯区劳动和社会保障局根据何某章近亲属的申请对何某章死亡是否属于工伤进行重新认定。

成都市中级人民法院认为，劳动者享有获得劳动安全卫生保护的权利，是劳动法规定的基本原则，任何用工单位或个人都应当为劳动者提供必要的劳动卫生条件，维护劳动者的基本权利。劳动者在日常工作中"上厕所"是其必要的、合理的生理需求，与劳动者的正常工作密不可分，应当受到法律的保护。被告作出的行政认定未体现劳动法中保护劳动者合法权益的基本原则，属适用法律、法规错误。上诉人的上诉理由不能成立，一审判决撤销成武劳函［2002］23号伤亡性质认定，责令成都市武侯区劳动局对何某章死亡性质重新认定正确。

案例 3

李某帅与通用富士公司等提供劳务者受害责任纠纷案［上海市第二中级人民法院（2015）沪二中民一（民）终字第1807号］

原告李某帅系被告工商学校某专业学生。2013年7月8日，李某帅、工商学校、被告通用富士公司三方签订学生实习协议书，约定李某帅到通用富士公司实习，通用富士公司在安排实习生上岗前应先对实习生进行企业文化、岗位要求、专业技能、操作规范、安全生产、劳动纪律等方面的培训教育，安排到相应的部门和岗位从事与国家劳动保护法规相符合的对人身无危害、对青少年身心健康无影响的工作，并指派带教师傅对实习生进行指导评价；对易发生意外工伤的实习岗位，通用富士公司在实习生上岗前除加强安全生产教育外，还应提供应有的劳动保护措施等。

2013年11月2日11时许，李某帅在通用富士公司处加班操作数控折边机，在更换模具时不慎踩到开关，致使机器截断其右手第2~5指。李某帅随即被送至医院手术治疗、住院，出院后多次门诊。其间，通用富士公司向李某帅垫付了医疗费等费用78738.51元。

因赔偿事宜各方无法协商一致，遂成诉。

上海市青浦区人民法院一审认为，通用富士公司作为实习单位，是实习生劳动工具的提供者和工作内容的指挥者，对实习生负有日常管理、保护之责，应尽到必要的安全保障义务。由于通用富士公司提供的工作设备有一定危险性，要求李某帅在实习期操作机器却未安排带教师傅在旁指导，对李某帅受伤存在过错。李某帅作为具有完全民事行为能力的成年人，又经过相关专业知识的学习及实习培训，对操作设备的危险性应具有一定的认知。李某帅作为实习生，在从事实习劳动时亦应保持必要的谨慎，但李某帅在无带教人员陪同指导的情况下自行更换模具，又未遵循正确操作规程，未尽审慎注意义务，对损害后果的发生也负有一定的过错。现有证据不足以证明工商学校在本起事故中有过错，故对于李某帅要求工商学校承担赔偿责任的诉讼请求难以支持。一审确认通用富士公司对李某帅本次受伤造成的经济损失承担80%的责任，李某帅自负20%的责任。

上海市第二中级人民法院二审认为，首先，通用富士公司系李某帅实习期间的直接管理人，对李某帅如何从事实习工作能够支配和安排，并能够对工作过程实施监督和管理。李某帅虽为实习生但其所从事的劳动客观上系为通用富士公司创造经济利益，李某帅仍然享有劳动保护的权利。而李某帅此次受伤的危险来源属于其所从事之劳动的正常风险范围内。因此，综合考量通用富士公司与李某帅之间支配与被支配的地位、劳动所创造经济利益的归属、通用富士司应当承担的劳动保护以及劳动风险控制与防范的职责和义务，通用富士公司应当对本案李某帅所受之损害承担主要赔偿责任。

其次，工商学校作为李某帅实习期间的间接管理人，虽无法直接支配李某帅的工作，但其作为职业教育机构应当清楚学生参与实习工作的内容及可能的危险性，可以通过对学生的安全教育以及与企业沟通协商，控制和防范风险。工商学校未尽到其职责，应当对李某帅所受损害承担次要责任。

最后，李某帅作为实习生，技能尚处于学习阶段，劳动报酬也区别于通用富士公司正常员工，因此对李某帅在劳动过程中的谨慎注意义务不能过于苛求。李某帅事发当日在没有带教老师陪同加班的情况下所出现的操作不当尚不足以构成重大过失，相较于通用富士公司、工商学校对风险防范所应承担的义务，李某帅的一般过失不能减轻通用富士公司及工商学校所应承担的赔偿责任。故原审判令通用富士公司对李某帅的损害后果承担 80% 的赔偿责任，并无不当；但剩余 20% 的赔偿责任应由工商学校承担，原审判令李某帅自负一定责任存有不当，应予改判。

● ***相关规定***

《矿山安全法》第 22 条、第 26 条、第 27 条；《建筑法》第 47 条；《煤炭法》第 33 条、第 36 条；《危险化学品安全管理条例》第 4 条

第七条　【工会职责】工会依法对安全生产工作进行监督。

生产经营单位的工会依法组织职工参加本单位安全生产工作的民主管理和民主监督，维护职工在安全生产方面的合法权益。生产经营单位制定或者修改有关安全生产的规章制度，应当听取工会的意见。

条文注释

本条是关于工会对安全生产工作监督管理的规定。这一规定是 2014 年修正时首次明确的。

理解本条内容，需要结合《中华人民共和国工会法》的相关规定，其具体权利规定在《中华人民共和国工会法》中。

根据《中华人民共和国工会法》第六条第三款的规定，工会依照法律规定通过职工代表大会或者其他形式，组织职工参与本单位的民主决策、民主管理和民主监督。

根据《中华人民共和国工会法》第二十二条的规定，企业、事业单位违反劳动法律、法规规定，有不提供劳动安全卫生条件的、随意延长劳动时间的等侵犯职工劳动权益情形，工会应当代表职工与企业、事业单位交涉，要求企业、事业单位采取措施予以改正；企业、事业单位应当予以研究处理，并向工会作出答复；企业、事业单位拒不改正的，工会可以请求当地人民政府依法作出处理。

根据《中华人民共和国工会法》第二十四条的规定，工会发现企业违章指挥、强令工人冒险作业，或者生产过程中发现明显重大事故隐患和职业危害，有权提出解决的建议，企业应当及时研究答复；发现危及

职工生命安全的情况时，工会有权向企业建议组织职工撤离危险现场，企业必须及时作出处理决定。

根据《中华人民共和国工会法》第二十六条的规定，职工因工伤亡事故和其他严重危害职工健康问题的调查处理，必须有工会参加。

根据《中华人民共和国工会法》第三十三条的规定，国家机关在组织起草或者修改直接涉及职工切身利益的法律、法规、规章时，应当听取工会意见。县级以上各级人民政府及其有关部门研究制定劳动就业、工资、劳动安全卫生、社会保险等涉及职工切身利益的政策、措施时，应当吸收同级工会参加研究，听取工会意见。

根据《中华人民共和国工会法》第三十八条第一款的规定，企业、事业单位研究经营管理和发展的重大问题应当听取工会的意见；召开讨论有关工资、福利、劳动安全卫生、社会保险等涉及职工切身利益的会议，必须有工会代表参加。

● ***相关规定***

《工会法》第6条、第22～26条、第33条、第38条；《劳动法》第7条、第88条；《矿山安全法》第23～25条、第37条；《煤炭法》第35条；《最高人民法院关于在民事审判工作中适用〈中华人民共和国工会法〉若干问题的解释》

第八条　【各级人民政府在安全生产规划的职责】 国务院和县级以上地方各级人民政府应当根据国民经济和社会发展规划制定安全生产规划，并组织实施。安全生产规划应当与国土空间规划等相关规划相衔接。

各级人民政府应当加强安全生产基础设施建设和安全生产监管能力建设，所需经费列入本级预算。

县级以上地方各级人民政府应当组织有关部门建立完善安全风险评估与论证机制，按照安全风险管控要求，进行产业规划和空间布局，并对位置相邻、行业相近、业态相似的生产经营单位实施重大安全风险联防联控。

条文注释

安全生产规划，是指各级人民政府制订的比较全面长远的安全生产发展计划，是对未来整体性、长期性、基本性问题的考量，设计未来整套行动的方案。具有综合性、系统性、时间性、强制性等特点。

城乡规划，是指各级政府统筹安排城乡发展建设空间布局，保护生态和自然环境，合理利用自然资源，维护社会公正与公平的重要依据。要求安全生产规划与城乡规划相衔接，主要是指安全生产规划中涉及城乡规划的内容应当与城乡规划相衔接。

规定县级以上地方政府的主体责任，可以更好地与城乡规划法相衔接，也可以从更具体和微观层面进行布局，更好地落实安全生产规划，促进经济健康平稳发展。此外，第三款“位置相邻、行业相近、业态相似”等用词使得规定更加深入和细化，因这类事务往往更贴近群众生活，关乎群众切身利益，可见从微小处防患未然，更加深刻体现出“人民生命至上”的理念。

● ***相关规定***

《矿山安全法》第 4 条、第 33 条、第 34 条；《建筑法》第 43 条；《煤炭法》第 12 条；《建设工程安全生产管理条例》第 39 条、第 40 条、第 43 条、第 46 条；《危险化学品安全管理条例》第 5 条

第九条　【各级人民政府在安全生产方面的具体职责】 国务院和县级以上地方各级人民政府应当加强对安全生产工作的领导，建立健全安全生产工作协调机制，支持、督促各有关部门依法履行安全生产监督管理职责，及时协调、解决安全生产监督管理中存在的重大问题。

乡镇人民政府和街道办事处，以及开发区、工业园区、港区、风景区等应当明确负责安全生产监督管理的有关工作机构及其职责，加强安全生产监管力量建设，按照职责对本行政区域或者管理区域内生产经营单位安全生产状况进行监督检查，协助人民政府有关部门或者按照授权依法履行安全生产监督管理职责。

第十条　【安全生产监督管理体制】 国务院应急管理部门依照本法，对全国安全生产工作实施综合监督管理；县级以上地方各级人民政府应急管理部门依照本法，对本行政区域内安全生产工作实施综合监督管理。

国务院交通运输、住房和城乡建设、水利、民航等有关部门依照本法和其他有关法律、行政法规的规定，在各自的职责范围内对有关行业、领域的安全生产工作实施监督管理；县级以上地方各级人民政府有关部门依照本法和其他有关法律、法规的规定，在各自的职责范围内对有关行业、领域的安全生产工作实施监督管理。对新兴行业、领域的安全生产监督管理职责不明确的，由县级以上地方各级人民政府按照业务相近的原则确定监督管理部门。

应急管理部门和对有关行业、领域的安全生产工作实施监督管理的部门，统称负有安全生产监督管理职责的部门。负有安全生产监督管理职责的部门应当相互配合、齐抓共管、信息共享、资源共用，依法加强安全生产监督管理工作。

条文注释

本条是关于安全生产监督管理职责的规定，具体明确了负有安全生产监督管理职责的部门。

结合第一款和第三款规定可知，各行业主管部门一方面对各自的安全生产工作实行专项监督管理，另一方面又接受安全生产监督管理部门对其工作的监督检查和指导协调。本次修改将“安全生产监督管理部门”改为“应急管理部门”，也是我国机构改革的重要表现。同时对“有关部门”细化，进行了列举，也明确了其重点监督管理部门。

● ***相关规定***

《国务院安全生产委员会成员单位安全生产工作任务分工》

第十一条　【安全生产国家标准、行业标准的制定和执行】国务院有关部门应当按照保障安全生产的要求，依法及时制定有关的国家标准或者行业标准，并根据科技进步和经济发展适时修订。

生产经营单位必须执行依法制定的保障安全生产的国家标准或者行业标准。

条文注释

本次修改细化了在国家标准和行业标准制定过程中，有关部门的职责分工，有利于标准制定的科学化，也有利于各部门各司其职，加强协同配合。

第十二条　【安全生产强制性国家标准】国务院有关部门按照职责分工负责安全生产强制性国家标准的项目提出、组织起草、征求意见、技术审查。国务院应急管理部门统筹提出安全生产强制性国家标准的立项计划。国务院标准化行政主管部门负责安全生产强制性国家标准的立项、编号、对外通报和授权批准发布工作。国务院标准化行政主管部门、有关部门依据法定职责对安全生产强制性国家标准的实施进行监督检查。

第十三条　【加强安全生产的宣传教育】各级人民政府及其有关部门应当采取多种形式，加强对有关安全生产的法律、法规和安全生产知识的宣传，增强全社会的安全生产意识。

条文注释

早在2016年，国家安全监管总局、中共中央宣传部、教育部、文化部、国家新闻出版广电总局、中华全国总工会、共青团中央、中华全国妇女联合会八部门联合印发《关于加强全社会安全生产宣传教育工作的意见》。旨在通过全面加强全社会安全生产宣传教育，牢固树立安全发展理念，增强全民安全文明素质，进一步提高全社会整体本质安全水平。各地各部门要充分认识加强全社会安全生产宣传教育工作的重要意义，认真做好安全发展观念、安全生产形势、安全生产措施和经验、安全生产法治、安全生产知识技能的宣传教育和生产安全事故的警示教育。2018 年全国安全生产宣传教育暨信息公开工作会议指出，安全生产教育主动适应舆论环境的新变化、新特点，强化主动发布、与媒为伴、同频共振的理念，努力推进理念创新、手段创新和基层工作创新，确保该说的主动说到位，该回应的主动发声。可见，安全生产宣传教育要常抓不放松。

第十四条　【协会组织在安全生产方面的职责】 有关协会组织依照法律、行政法规和章程，为生产经营单位提供安全生产方面的信息、培训等服务，发挥自律作用，促进生产经营单位加强安全生产管理。

条文注释

本条是为了明确行业协会、商会等协会组织在安全生产方面的作用。协会组织是依法成立的社团法人，依据其成员共同制定的章程体现其组织职能，维护本行业企业的权益，规范市场行为，增强抵御市场风险的能力。这一职责主要体现在以行业整体效应协调处理各类关系，为行业内会员单位和有关机构提供服务，监管并规范行业行为。

就安全生产领域，中国安全生产协会是该领域的专业协会。其在性质上属非营利性的社会团体法人，在业务上接受国家安全生产监督管理总局的领导，设有教育培训等三个工作委员会以及煤矿安全、危险化学品安全和烟花爆竹安全等六个专业委员会。

第十五条　【为安全生产提供技术、管理服务的机构】依法设立的为安全生产提供技术、管理服务的机构，依照法律、行政法规和执业准则，接受生产经营单位的委托为其安全生产工作提供技术、管理服务。

生产经营单位委托前款规定的机构提供安全生产技术、管理服务的，保证安全生产的责任仍由本单位负责。

条文注释

根据本条规定，接受生产经营单位的委托后，服务机构与该单位之间构成委托合同关系。因此，对其法律关系的处理，依据2021年起施行的《中华人民共和国民法典》合同编关于委托合同的规定。此外还需明确，这种委托并不转移该生产经营单位履行安全生产的职责，其仅是单位内部履行该职责的一种方式，保证安全生产的责任仍由本单位负责。

● ***相关规定***

《民法典》第23章

第十六条　【生产安全事故责任追究制度】国家实行生产安全事故责任追究制度，依照本法和有关法律、法规的规定，追究生产安全事故责任单位和责任人员的法律责任。

案例 4

赵某某玩忽职守案［重庆市第四中级人民法院（2006）渝四中法刑终字第71号］

赵某某任某县安监局副局长期间，分管矿山井下生产安全工作，负责煤矿生产管理和煤矿安全监督监察工作。2003年5月16日，赵某某代表安监局与川河煤矿四门二井签订了当年安全生产工作目标责任书。同年3月18日、6月24日，赵某某两次带领工作人员到川河煤矿四门二井主井及冷风洞井现场检查，对检查出的冷风洞井存在供电线路乱、通风效果不好、无通信设备等八个问题提出了整改意见，并对井下发现烟头作出了罚款200元的处理决定。同年8月，冷风洞井在挖掘过程中出现渗水现象，矿井负责人及安全管理人员得知该安全隐患后，既不引起重视，也不向安全监督管理部门报告。同年9月10日，冷风洞井工人在采煤时将老窖一废井挖穿，老窖内积水约1万立方米涌至井内，致井下19名工人被淹，经抢救，1人脱险，18人死亡，直接经济损失85.6万元。

原判决认为，被告人赵某某在分管煤矿安全工作中，不正确履行职责，致使发生特大事故，使国家和人民利益遭受重大损失，其行为已经构成玩忽职守罪。鉴于事故系多因一果形成，赵某某的玩忽职守行为情节轻微，可以免予刑事处罚。依照《中华人民共和国刑法》第三百九十七条第一款、第三十七条的规定作出判决：被告人赵某某犯玩忽职守罪，免予刑事处罚。

上诉人赵某某及其辩护人提出，他不具有对煤矿安全执法监察和管理的职责，因而不是玩忽职守罪的适格主体，请求二审法院宣告他无罪。

经审理查明，川河煤矿四门二井原名“川河乡人武部四门洞煤矿”，创建于1995年11月，名义上为川河乡武装部“以劳养武”经济实体，实质为陈某某等人个人出资的合伙企业。2000年3月，煤炭行业实行归口管理，“川河乡人武部四门洞煤矿”更名为“川河煤矿四门二井”。同年8月，该井为了解决排水通风等安全问题，在川河乡冷风洞山脚新掘一条通向该井的通风排水井（称为冷风洞井，本案出事井），但在实际挖掘过程中，采取了边掘进边采煤的违规做法。2001年，全国煤炭行业整顿，四门二井因无采矿许可证，属于关闭对象，当年5月，杨某某2与国营川河煤矿签订租赁合同，采取“租赁”形式继续对该井进行开采。

二审法院认为，上诉人赵某某在任安监局副局长，分管煤矿安全生产过程中，由于受工作能力和专业知识的限制等原因，虽然在客观上未能对事发矿井的安全生产进行有效监督管理，应承担一定领导责任，但本案矿难事故的发生是由于案发期间我国煤炭行业管理体制不健全、上诉人赵某某履责单位人少事多及出事矿井隐瞒安全隐患不上报等多方面原因形成，赵某某个人的行为情节显著轻微，依照法律规定，不以犯罪论处。

关于上诉人赵某某及其辩护人提出赵某某的行为不构成玩忽职守罪的理由，经查，符合本案事实和法律的规定，法院予以采纳，判决赵某某无罪。

● ***相关规定***

《公务员法》第62条；《刑法》第131～137条

第十七条　【权利和责任清单】县级以上各级人民政府应当组织负有安全生产监督管理职责的部门依法编制安全生产权力和责任清单，公开并接受社会监督。

第十八条　【支持发展】国家鼓励和支持安全生产科学技术研究和安全生产先进技术的推广应用，提高安全生产水平。

条文注释

安全事故虽然具有一定的意外性、突发性，但是我们可以通过寻找事故发生规律，改进生产技术条件，采取预防措施等，达到预防和减少安全生产事故发生的目的。本条即规定了对安全生产科学技术两方面的支持：一是研究；二是推广。

第十九条　【奖励】国家对在改善安全生产条件、防止生产安全事故、参加抢险救护等方面取得显著成绩的单位和个人，给予奖励。

条文注释

《中华人民共和国科学技术进步法》第十五条规定，国家建立科学技术奖励制度，对在科学技术进步活动中做出重要贡献的组织和个人给予奖励。具体办法由国务院规定。国家鼓励国内外的组织或者个人设立科学技术奖项，对科学技术进步给予奖励。具体到安全领域，本条即规定了在安全生产的哪些具体方面取得显著成绩的单位和个人可以给予奖励。

案例 5

广源公司与某区工商局行政处罚案［江苏省无锡市中级人民法院(2014)锡行终字第00136号］

广源公司的“多功能环境友好型水处理剂”项目于2011年12月获“中国技术市场协会金桥奖”，该奖项由中国技术市场协会设立、组织评审和颁发。广源公司在其公司网站上宣称获“国家科技部——中国技术市场‘金桥奖’”，在其自行印制的企业宣传册宣称“荣获国家科技部金桥奖（相当于科技进步二等奖）”等。某区工商局2013年8月接到举报称广源公司虚假宣传，于当月21日立案调查，于2014年5月16日进行听证，认定广源公司利用企业宣传册以及网站虚假宣传其所获“金桥奖”的颁奖者为国家科技部，且该“金桥奖”与国家科学技术奖存在对等关系、误导公众的行为违反了《中华人民共和国反不正当竞争法》第九条第一款的规定，根据反不正当竞争法第二十四条第一款的规定，于7月28日作出锡工商新分案字（2014）第02870号行政处罚决定书(以下简称02870号处罚决定书)，决定对广源公司罚款2万元。广源公司不服，遂诉至法院。

原审法院认为，广源公司所获的“金桥奖”为中国技术市场协会这一社会组织设立，但广源公司却利用宣传册以及网站等形式宣传其颁奖部门为国家科技部，且该“金桥奖”与国家科学技术奖存在对等关系，该行为会导致公众产生误解，应认定该行为为虚假宣传行为。某区工商局通过调查取证，对广源公司的违法行为收集了充分的证据，认定的事实清楚，定性正确，行政程序合法，裁量适当，适用法律准确，处罚决定应予支持。

二审法院认为，科学技术进步法第十五条规定，国家建立科学技术奖励制度，对在科学技术进步活动中作出重要贡献的组织和个人给予奖励。具体办法由国务院规定。国家鼓励国内外的组织或者个人设立科学技术奖项，对科学技术进步给予奖励。国务院《国家科学技术奖励条例》第八条、第九条、第十条、第十一条、第十二条及第十三条对国家科学技术奖的种类设置、颁发条件和奖项数量进行了严格规定，其中国家最高科学技术奖每年授予人数不超过2名，国家自然科学奖、国家技术发明奖、国家科学技术进步奖每年奖励项目总数不超过400项。同时，科技部《社会力量设立科学技术奖管理办法》第三条规定，本办法所称社会力量设奖是指国家机构以外的社会组织或者个人利用非国家财政性经费，在中华人民共和国境内面向社会设立的经常性的科学技术奖。第十条规定，科学技术部主管全国社会力量设奖工作。国家科学技术奖励工作办公室负责日常工作。第十九条、第二十条还规定，社会力量设奖的名称不得使用与国家科学技术奖相同或者近似的名称，社会力量设立的科学技术奖奖励名称不得冠以“中国”“中华”“全国”“国家”“国际”“世界”等字样。由此可见，国家通过政府力量和社会力量设立不同奖项以鼓励促进科学技术进步，并规定了相应的设立条件和管理制度，二者的角色分工和社会影响力明显不同，不同的设奖者、评奖标准、授奖数量，也决定了奖项的含金量和公众认可度的不同。

本案中，广源公司项目所获得的“金桥奖”是由中国技术市场协会设立和颁发，有获奖证书、获奖铜牌、中华人民共和国社会力量设立科学技术奖登记证书以及相关法律法规规定等予以证明和明确，但是广源公司却通过公司网站、宣传册等形式宣称获“国家科技部——中国技术市场‘金桥奖’”“荣获国家科技部金桥奖（相当于科技进步二等奖)”“荣获国家科技部金桥奖（科学技术进步二等奖)”等，客观上易导致公司客户及相关公众产生误解，认为广源公司所获奖项属于国家科学技术奖行列，广源公司相关项目及产品的品质、性能得到了国家主管部门的认可。事实上，科技部仅是“金桥奖”以及其他社会力量所设奖励的主管部门，国奖办是日常工作的具体负责部门，与实际奖项的设奖者、承办机构不同，不能视为同一，而国家科学技术进步奖与“金桥奖”更是性质有别，不能相互混同。某区工商局接到举报后，通过调查核实，并征询国奖办的意见，认定广源公司构成反不正当竞争法第九条规定的虚假宣传行为，依据反不正当竞争法第二十四条的规定，作出案涉行政处罚决定，该处罚决定认定事实清楚，适用法律正确，在法定幅度内量罚。

第二章　生产经营单位的安全生产保障

第二十条　【安全生产条件】生产经营单位应当具备本法和有关法律、行政法规和国家标准或者行业标准规定的安全生产条件；不具备安全生产条件的，不得从事生产经营活动。

条文注释

企业取得安全生产许可证，应当具备下列安全生产条件：(1) 建立、健全安全生产责任制，制定完备的安全生产规章制度和操作规程；(2) 安全投入符合安全生产要求；(3) 设置安全生产管理机构，配备专职安全生产管理人员；(4) 主要负责人和安全生产管理人员经考核合格；(5) 特种作业人员经有关业务主管部门考核合格，取得特种作业操作资格证书；(6) 从业人员经安全生产教育和培训合格；(7) 依法参加工伤保险，为从业人员缴纳保险费；(8) 厂房、作业场所和安全设施、设备、工艺符合有关安全生产法律、法规、标准和规程的要求；(9) 有职业危害防治措施，并为从业人员配备符合国家标准或者行业标准的劳动防护用品；(10) 依法进行安全评价；(11) 有重大危险源检测、评估、监控措施和应急预案；(12) 有生产安全事故应急救援预案、应急救援组织或者应急救援人员，配备必要的应急救援器材、设备；(13) 法律、法规规定的其他条件。

● ***相关规定***

《安全生产许可证条例》第2条、第6条

第二十一条 【生产经营单位主要负责人安全生产职责】生产经营单位的主要负责人对本单位安全生产工作负有下列职责：

（一）建立健全并落实本单位全员安全生产责任制，加强安全生产标准化建设；

（二）组织制定并实施本单位安全生产规章制度和操作规程；

（三）组织制定并实施本单位安全生产教育和培训计划；

（四）保证本单位安全生产投入的有效实施；

（五）组织建立并落实安全风险分级管控和隐患排查治理双重预防工作机制，督促、检查本单位的安全生产工作，及时消除生产安全事故隐患；

（六）组织制定并实施本单位的生产安全事故应急救援预案；

（七）及时、如实报告生产安全事故。

条文注释

本条第一项明确落实“全员安全生产责任制”，注重制度建设，强调安全生产防控人人参与、人人有责。本条第五项重申双重预防工作机制的重要性，再次明确生产经营单位主要负责人在安全生产活动中承担的责任。

相关案例索引

刘某诉铁道部第二十工程局二处第八工程公司、罗某敏工伤赔偿案（《中华人民共和国最高人民法院公报》1999 年第 5 期）

本案要点

工程承包人和雇主，依法对民工的劳动保护承担责任。采用人工安装桥梁行车道板本身具有较高的危险性，对此工程承包人和雇主应采取相应的安全措施，并临场加以监督指导，而被告仅在作业前口头强调，疏于注意，以致发生安全事故。尽管原告在施工中也有违反安全规则操作的过失，但原告并非铁道建设专业人员，且违章情节较轻，故不能免除被告应负的民事责任。

● *相关规定*

《矿山安全法》第20条；《安全生产事故隐患排查治理暂行规定》第3条

第二十二条　【安全生产责任制】 生产经营单位的全员安全生产责任制应当明确各岗位的责任人员、责任范围和考核标准等内容。

生产经营单位应当建立相应的机制，加强对全员安全生产责任制落实情况的监督考核，保证全员安全生产责任制的落实。

条文注释

安全生产责任制主要内容应当包括下列五个方面：一是生产经营单位的各级负责生产和经营的管理人员，在完成生产或经营任务的同时，对保证生产安全负责；二是各职能部门的人员，对自己业务范围内有关的安全生产负责；三是班组长、特种作业人员对其岗位的安全生产工作负责；四是所有从业人员应在自己本职工作范围内做到安全生产；五是各类安全责任的考核标准，以及奖惩措施。可见安全生产无小事，安全防控人人有责。

第二十三条　【资金投入及安全生产费用】 生产经营单位应当具备的安全生产条件所必需的资金投入，由生产经营单位的决策机构、主要负责人或者个人经营的投资人予以保证，并对由于安全生产所必需的资金投入不足导致的后果承担责任。

有关生产经营单位应当按照规定提取和使用安全生产费用，专门用于改善安全生产条件。安全生产费用在成本中据实列支。安全生产费用提取、使用和监督管理的具体办法由国务院财政部门会同国务院应急管理部门征求国务院有关部门意见后制定。

案例 6

谢某安、某区应急管理局行政诉讼案 [广西壮族自治区贺州市中级人民法院(2019)桂11行终45号]

2018年2月6日，一大理石荒料堆放场所发生一起车辆伤害事故，造成1人重伤。事故发生后，被告某区应急局在立案并调查取证后认为，原告谢某安作为该起事故中大理石石块装运项目承包者，在没有安全生产资金投入和不具备安全生产的条件下，组织人员违法作业，其行为违反了《中华人民共和国安全生产法》第二十条之规定，后被告依据《中华人民共和国安全生产法》第九十条第二款之规定对原告处以罚款2万元的行政处罚。原告不服，遂向某区人民法院提起行政诉讼。

一审判决认为，《中华人民共和国安全生产法》第九条第一款规定："国务院安全生产监督管理部门依照本法，对全国安全生产工作实施综合监督管理；县级以上地方各级人民政府安全生产监督管理部门依照本法，对本行政区域内安全生产工作实施综合监督管理。"本案中，被告某区应急局对辖区的安全生产工作，有权进行综合监督管理，是本案适格的行政执法主体。原告谢某安在没有安全生产资金投入和不具备安全生产的条件下，组织人员违法作业是造成此次事故的主要原因，原告的行为违反了《中华人民共和国安全生产法》第二十条之规定。被告某区应急局立案并经调查取证后，依据《中华人民共和国安全生产法》第九十条第二款之规定对原告处以罚款2万元的行政处罚，认定事实清楚，证据确凿，定性准确，适用法律、法规正确，根据《中华人民共和国行政诉讼法》第六十九条之规定，判决：驳回原告谢某安的诉讼请求。

谢某安不服一审判决，提起上诉。

另查明，因国家机构改革，2019年4月22日某区安全生产监督管理局改为某区应急管理局。

二审法院认为，本案争议的焦点在于被上诉人作出本案行政处罚是否正确。根据中华人民共和国国家安全生产监督管理总局令第77号2015年5月1日实施的《安全生产违法行为行政处罚办法》第六十八条"本办法所称的生产经营单位，是指合法和非法从事生产或经营活动的基本单元，包括企业法人、不具有企业法人资格的合伙组织、个体工商户和自然人等生产经营主体”之规定，谢某安作为自然人，属于《中华人民共和国安全生产法》规定的生产经营主体。本案中，谢某安在2018年2月4日承接西湾和军石材厂大理石石块装运项目，使用叉车作业，根据《特种设备作业人员监督管理办法》第二条第二款“从事特种设备作业的人员应当按照本办法的规定，经考核合格取得《特种设备作业人员证》，方可从事相应的作业或者管理工作”。经调查核实，谢某安、卢某球、卢某重均未取得特种设备作业人员证，不具备该项目上岗作业资格。2月6日，谢某安在作业中自己的叉车坏了之后，安排无证人员作业，且装车费最后是由谢某安负责给作业人员，谢某安作为承包大理石块项目装运的承接者，没有按规定投入安全生产资金，作业过程无安全防护措施，造成事故，属于安全生产事故。某区应急局对本次事故立案调查取证后，履行了告知义务，组织了听证，依据查明的事实和相关法律规定，依据《中华人民共和国安全生产法》第九十条第二款之规定对上诉人谢某安进行行政处罚并无不当。对上诉人谢某安向法院提交的微信转账凭证，拟证实谢某安在这次事故中没有获取差价额，谢某安将装运的全部权利和义务转给了卢某球和曾某春，经审查，谢某安承接西湾和军石材厂大理石石块装运项目后，负责装运和费用的收支，其间由谁完成并不影响其是该项目的承包者，因此对其认为将装运的全部权利和义务转给了卢某球和曾某春的理由法院不予以采信。

综上，一审法院认定事实清楚，适用法律正确，审判程序合法，判决驳回谢某安诉讼请求正确，应予维持。

● ***相关规定***

《矿山安全法》第31条、第32条；《建设工程安全生产管理条例》第21条、第22条；《煤矿安全监察条例》第27条

第二十四条　【安全生产管理机构及人员】矿山、金属冶炼、建筑施工、运输单位和危险物品的生产、经营、储存、装卸单位，应当设置安全生产管理机构或者配备专职安全生产管理人员。

前款规定以外的其他生产经营单位，从业人员超过一百人的，应当设置安全生产管理机构或者配备专职安全生产管理人员；从业人员在一百人以下的，应当配备专职或者兼职的安全生产管理人员。

条文注释

本条规定的专职管理人员的配备，主要有两个方面：(1) 必须配备。特定行业（矿山、金属冶炼、建筑施工、道路运输单位；危险物品的生产、经营、储存单位)。非特定行业（第一款以外的生产经营单位）+满足人员数量要求（从业人员超过100人)。(2) 配备机构和人员。上述两个必须配备均指配备安全生产管理机构或者专职安全生产管理人员。

需要注意两点：第一，非特定行业+非满足人员数量要求，应当配备专职或者兼职的安全生产管理人员；第二，可以选择的仅是专职人员还是兼职人员，这种配备不是“可以”，而是“应当”。

● ***相关规定***

《安全生产许可证条例》第6条；《烟花爆竹安全管理条例》第8条；《建设工程安全生产管理条例》第23条；《建筑施工企业主要负责人、项目负责人和专职安全生产管理人员安全生产管理规定》第2~3条，第19~22条；《国务院关于进一步加强安全生产工作的决定》第10条

第二十五条　【安全生产管理机构及人员的职责】生产经营单位的安全生产管理机构以及安全生产管理人员履行下列职责：

（一）组织或者参与拟订本单位安全生产规章制度、操作规程和生产安全事故应急救援预案；

（二）组织或者参与本单位安全生产教育和培训，如实记录安全生产教育和培训情况；

（三）组织开展危险源辨识和评估，督促落实本单位重大危险源的安全管理措施；

（四）组织或者参与本单位应急救援演练；

（五）检查本单位的安全生产状况，及时排查生产安全事故隐患，提出改进安全生产管理的建议；

（六）制止和纠正违章指挥、强令冒险作业、违反操作规程的行为；

（七）督促落实本单位安全生产整改措施。

生产经营单位可以设置专职安全生产分管负责人，协助本单位主要负责人履行安全生产管理职责。

● *相关规定*

《建筑施工企业主要负责人、项目负责人和专职安全生产管理人员安全生产管理规定》第19~22条

第二十六条　【安全生产管理机构以及安全生产管理人员履职要求和履职保障】生产经营单位的安全生产管理机构以及安全生产管理人员应当恪尽职守，依法履行职责。

生产经营单位作出涉及安全生产的经营决策，应当听取安全生产管理机构以及安全生产管理人员的意见。

生产经营单位不得因安全生产管理人员依法履行职责而降低其工资、福利等待遇或者解除与其订立的劳动合同。

危险物品的生产、储存单位以及矿山、金属冶炼单位的安全生产管理人员的任免，应当告知主管的负有安全生产监督管理职责的部门。

条文注释

需要注意，第四款所说“告知”，更像是一种备案而非审批，这样既有利于主管部门充分掌握生产经营单位的有关信息，加强沟通，又能够保证生产企业有自主任免安全生产管理人员的权利。

● ***相关规定***

《建筑施工企业主要负责人、项目负责人和专职安全生产管理人员安全生产管理规定》

第二十七条　【主要负责人和安全生产管理人员的知识、管理能力要求】生产经营单位的主要负责人和安全生产管理人员必须具备与本单位所从事的生产经营活动相应的安全生产知识和管理能力。

危险物品的生产、经营、储存、装卸单位以及矿山、金属冶炼、建筑施工、运输单位的主要负责人和安全生产管理人员，应当由主管的负有安全生产监督管理职责的部门对其安全生产知识和管理能力考核合格。考核不得收费。

危险物品的生产、储存、装卸单位以及矿山、金属冶炼单位应当有注册安全工程师从事安全生产管理工作。鼓励其他生产经营单位聘用注册安全工程师从事安全生产管理工作。注册安全工程师按专业分类管理，具体办法由国务院人力资源和社会保障部门、国务院应急管理部门会同国务院有关部门制定。

条文注释

本条是对生产经营单位特定人员的知识、管理能力的具体要求。

注册安全工程师，是指经全国统一考试合格，取得中华人民共和国注册安全工程师执业资格证书和执业证，在生产经营单位从事安全生产管理、技术工作或者在安全生产中介机构从事有关安全生产技术服务工作的人员。

● ***相关规定***

《注册安全工程师管理规定》第3～6条；《建筑施工企业主要负责人、项目负责人和专职安全生产管理人员安全生产管理规定》第5～13条

第二十八条　【从业人员的教育和培训】生产经营单位应当对从业人员进行安全生产教育和培训，保证从业人员具备必要的安全生产知识，熟悉有关的安全生产规章制度和安全操作规程，掌握本岗位的安全操作技能，了解事故应急处理措施，知悉自身在安全生产方面的权利和义务。未经安全生产教育和培训合格的从业人员，不得上岗作业。

生产经营单位使用被派遣劳动者的，应当将被派遣劳动者纳入本单位从业人员统一管理，对被派遣劳动者进行岗位安全操作规程和安全操作技能的教育和培训。劳务派遣单位应当对被派遣劳动者进行必要的安全生产教育和培训。

生产经营单位接收中等职业学校、高等学校学生实习的，应当对实习学生进行相应的安全生产教育和培训，提供必要的劳动防护用品。学校应当协助生产经营单位对实习学生进行安全生产教育和培训。

生产经营单位应当建立安全生产教育和培训档案，如实记录安全生产教育和培训的时间、内容、参加人员以及考核结果等情况。

条文注释

第一款主要指明安全生产教育和培训的内容：(1) 安全生产的方针、政策、法律、法规以及安全生产规章制度的教育和培训；(2) 安全操作技能的教育和培训，我国目前一般实行入厂教育、车间教育和现场教育的三级教育和培训；(3) 安全技术知识教育和培训，包括一般性安全技术知识，如单位生产过程中不安全因素及规律、预防事故的基本知识、个人防护用品的佩戴使用、事故报告程序等，以及专业性的安全技术知识，如防火、防爆、防毒等知识；(4) 发生生产安全事故时的应急处理措施，以及相关的安全防护知识；(5) 从业人员在生产过程中的相关权利和义务；(6) 特殊作业岗位的安全生产知识和操作要求等。

第二款和第三款是针对特定主体作出的规定：(1) 对被派遣劳动者

实施统一管理是指生产经营单位将被派遣劳动者与本单位的从业人员一样对待和管理，统一纳入安全生产教育和培训计划。不区分本单位人员和被派遣劳动者，只以岗位特点、人员调配等情况，统一进行教育和培训。(2) 对中等职业学校、高等学校实习学生的安全生产教育和培训，应当制定专门的安全生产教育和培训计划，使其了解相应的安全生产知识，掌握基本的应急处理措施，能够适应所实习的工作。

第四款针对档案的范围作出规定，指明应当包括本单位的主要负责人、有关负责人、安全生产管理人员、特种作业人员、职能部门工作人员、班组长以及其他从业人员。档案的内容应当详尽、真实。

案例 7

华奥电梯公司、某县应急管理局质量监督检验检疫行政管理案［广西壮族自治区南宁市中级人民法院（2021）桂01行终42号］

2020年4月5日11时50分左右，位于某县私人住宅内发生一起电梯安装施工人员坠落事故，造成许某柳、许某丹2人死亡。后经华奥电梯公司《调查报告》认定事故的直接原因为许某丹和许某柳违反电梯安装作业安全操作规程，在操作平台上作业时未系安全带，未佩戴安全帽，不具备安全条件；间接原因为：(1) 华奥电梯公司落实企业安全生产主体责任不到位，安全责任不明晰，安全管理混乱；(2) 华奥电梯公司施工管理薄弱，施工组织管理程序混乱；(3) 安全教育培训和岗前技能培训不到位；(4) 对作业风险认识不够，未采取必要的安全措施，作业现场没有监护人；(5) 施工现场安全防护不到位；(6) 未教育和督促许某丹等电梯安装人员严格执行本单位的安全生产规章制度和安全操作规程，现场管理和监护不力。应急局以上行为违反了《中华人民共和国安全生产法》第二十五条第一款、第四十一条、四十二条、七十八条之规定，对事故的发生负有责任。因此，根据《中华人民共和国安全生产法》第一百零九条第一项的规定，决定作出处以人民币45万元的行政处罚。原告对处罚决定不服，遂向该院提起行政诉讼，

一审判决认为，根据《中华人民共和国安全生产法》第九条、第六十二条的规定，被告该县应急局作为县级以上安全生产监督管理部门，

主管本行政区域内的安全生产监督管理并具有对相关违法行为进行行政处罚的主体资格和法定职权。本案被诉处罚决定因原告未严格履行安全生产主体责任而引起。本案中，原告存在四种违反《中华人民共和国安全生产法》所规定的安全生产监督管理责任的情形，被告根据原告违法行为的性质和情节，在“二十万元以上五十万元以下”幅度内，决定对原告处以罚款四十五万元的罚款，裁量并不存在明显不当。

二审判决认为，《中华人民共和国安全生产法》第一百零九条第一项规定：“发生生产安全事故，对负有责任的生产经营单位除要求其依法承担相应的赔偿等责任外，由安全生产监督管理部门依照下列规定处以罚款……（一）发生一般事故的，处二十万元以上五十万元以下的罚款”，此条是对安全生产事故责任单位处罚的规定。该法第四条、第二十五条、第四十一条、第四十二条、第七十八条分别规定了生产经营单位基本义务、生产经营单位对从业人员教育和培训的责任、生产经营单位对从业人员的安全管理责任、生产经营单位为从业人员提供劳动防护用品的责任、生产经营单位制定生产安全事故应急预案及定期组织演练的责任。本案中，原告并未依法履行上述法律规定的责任和义务，原告作为生产经营单位，对此次生产安全事故负有责任，应当依照上述法律的规定进行处罚。

综上所述，被诉处罚决定合法且无明显不当，一审判决正确，应当予以维持。

案例 8

骑云公司诉某区应急管理局行政纠纷案［重庆市第五中级人民法院（2020）渝05行终280号］

骑云公司将名下的房屋收回后于2018年8月2日，由公司店面负责人肖某贵安排员工找电工到收回的门面安装电路。员工找到彭某能带回公司，彭某能到骑云公司新收回的门面内，接受公司的安排在该门面安装电源线，其安装时未采取安全防护措施，未佩戴劳动防护用品。2018年8月2日16时许，彭某能在安装过程中发生触电事故，从站立梯子上坠落地面，经120急救医生现场抢救无效死亡。

后原该区安全生产监督管理局向骑云公司作出《行政处罚告知书》及《行政处罚听证告知书》，告知骑云公司其拟根据《中华人民共和国安全生产法》第一百零九条第一项及《重庆市规范行政处罚裁量权办法》第十四条第三项的规定，对骑云公司作出罚款28.5万元的行政处罚，骑云公司经复议后对复议决定仍不服，向人民法院提起行政诉讼，请求法院依法撤销原该区安全生产监督管理局作出的《行政处罚决定书(单位)》，撤销市应急局作出的《行政复议决定书》，责令区应急局重新作出彭某能死亡不属于或不视同于生产安全事故的决定。

另查明，因机构改革，原该区安全生产监督管理局职能由该区应急管理局承接。

一审法院认为，本案的争议焦点主要集中于以下几点：

1. 死者彭某能是否属于骑云公司的从业人员。《中华人民共和国安全生产法》第六条规定："生产经营单位的从业人员有依法获得安全生产保障的权利，并应当依法履行安全生产方面的义务。"上述法条规定的"从业人员"不仅仅是指与公司存在劳动关系的人员，同样应当包括公司临时聘请的人员。本案中彭某能系骑云公司临时聘请的，彭某能是接受骑云公司的指派进行电源线安装工作，故骑云公司应当对彭某能负有安全生产保障的义务，其应当属于骑云公司的从业人员。

2. 事发现场是否属于骑云公司的生产经营场所。根据骑云公司、负责人肖某贵出具的情况报告及公安机关的询问笔录等证据可以看出，事发现场是骑云公司收回的门面，该门面处于骑云公司的管理之下，因此应当认定事发现场为骑云公司的生产经营场所。

3. 死者彭某能从事的活动是不是骑云公司的生产经营活动，其死亡是否属于安全生产事故。生产经营活动是指为实现某种生产、建设或经营目的而进行的活动。本案中，事故现场属于骑云公司收回的门面，其聘用彭某能是为了恢复该门面用于继续经营，故彭某能的工作属于与公司生产经营活动有关的准备性工作，应当属于生产经营活动的组成部分，彭某能死亡应当属于安全生产事故。

一审法院判决驳回骑云公司的诉讼请求。

上诉人骑云公司不服，提起上诉。

二审法院认为，本案的争议焦点是彭某能在从事电路安装工作中发生安全事故，承担其安全责任事故的责任主体问题。

根据《中华人民共和国安全生产法》第二十五条第一款之规定，“生产经营单位应当对从业人员进行安全生产教育和培训，保证从业人员具备必要的安全生产知识、熟悉有关安全生产规章制度和安全操作规程，掌握本岗位的安全操作技能，了解事故应急处理措施，知悉自身在安全生产教育方面的权利和义务。未经安全生产教育和培训合格的从业人员，不得上岗作业”。本案中，骑云公司收回其转租的门面，恢复门面的水电，以便门面的使用。该门面是骑云公司承租的，故其对收回后的门面进行水电线路恢复安装，仍然属于骑云公司的生产经营范畴。上诉人骑云公司将《中华人民共和国安全生产法》中规定的“生产经营”仅仅理解为从事营业执照核定范围的事项，显然是对法律规定中“生产经营”的狭义理解。生产经营单位为了正常运营所进行的有关生产经营活动，都应当属于《中华人民共和国安全生产法》中规定的“生产经营”范畴，生产经营单位对其在生产经营过程中可能发生的安全生产事故隐患，都应当采取积极有效的防范措施，避免安全事故的发生。这也是安全生产法中用多条法律条文予以明确规定的，是生产经营单位必须履行的法定义务。本案中，骑云公司收回转租的门面，恢复门面的水电，需要对水电线路进行安装。电路安装具有危险性，为了保证电路安装时的生产安全，骑云公司应当聘用有安装资质的人员，并做好安全生产的必要防护工作，以避免安全事故的发生。但本案骑云公司却使用没有电路安装资质的彭某能从事电路安装，且无充分证据证明其履行了《中华人民共和国安全生产法》规定的安全生产保障义务，发生安全事故，被上诉人认定其应当承担相应的生产安全责任并无不当。骑云公司在该事故中承担民事责任与其同时应当承担安全生产事故责任并不矛盾。上诉人认为其行为不受《中华人民共和国安全生产法》的调整的理由不能成立。

根据《中华人民共和国安全生产法》第一百零九条第一项之规定，发生一般安全事故的，处20万以上50万以下罚款。鉴于骑云公司在安全事故发生后，能够积极有效地对事故当事人进行赔偿，根据《重庆市规范行政处罚裁量权办法》第十四条第三项之规定，当事人主动消除或者减轻违法行为危害后果的，应当减轻或者从轻处罚。被上诉人区应急局作出28.5万元的处罚，属于裁量权范畴，其处罚并无畸轻畸重之处。

综上，一审法院认定事实清楚，适用法律正确，审理程序合法，判决驳回上诉，维持原判。

相关案例索引

淮安市人民检察院诉康某永、王某危险物品肇事案（《中华人民共和国最高人民法院公报》2006年第8期）

本案要点

从事剧毒化学品运输工作的专业人员，在发生交通事故致使剧毒化学品泄漏后，有义务利用随车配备的应急处理器材和防护用品抢救对方车辆上的受伤人员，有义务在现场附近设置警戒区域，有义务及时报警并在报警时主动说明危险物品的特征、可能发生的危害，以及需要采取何种救助工具与救助方式才能防止、减轻以至消除危害，有义务在现场等待抢险人员的到来，利用自己对剧毒危险化学品的专业知识以及对运输车辆构造的了解，协助抢险人员处置突发事故。从事剧毒化学品运输工作的专业人员不履行这些义务，应当对由此造成的特别严重后果承担责任。

● ***相关规定***

《矿山安全法》第26条；《建筑法》第46条；《煤炭法》第33条；《建设工程安全生产管理条例》第25条、第37条；《危险化学品安全管理条例》第4条；《安全生产培训管理办法》第10条

第二十九条　【技术更新的教育和培训】生产经营单位采用新工艺、新技术、新材料或者使用新设备，必须了解、掌握其安全技术特性，采取有效的安全防护措施，并对从业人员进行专门的安全生产教育和培训。

● ***相关规定***

《安全生产培训管理办法》第10条;《生产经营单位安全培训规定》

第三十条 【特种作业人员的资格要求】 生产经营单位的特种作业人员必须按照国家有关规定经专门的安全作业培训,取得相应资格,方可上岗作业。

特种作业人员的范围由国务院应急管理部门会同国务院有关部门确定。

条文注释

特种作业,是指容易发生事故,对操作者本人、他人的安全健康及设备、设施的安全可能造成重大危害的作业。例如,电工、焊工、高处作业、煤矿作业、石油天然气作业、危险化学品作业。具体可参照《特种作业人员安全技术培训考核管理规定》中所列目录。此外,为满足安全生产工作的实际需要,特别是社会经济的迅速发展,特种作业人员的范围可能随之调整,故作出第二款的规定,旨在有关部门能够科学、合理、及时地确定特种作业人员范围。

● ***相关规定***

《矿山安全法》第26条;《特种作业人员安全技术培训考核管理规定》第3~5条

第三十一条 【建设项目的安全设施"三同时"原则】 生产经营单位新建、改建、扩建工程项目(以下统称建设项目)的安全设施,必须与主体工程同时设计、同时施工、同时投入生产和使用。安全设施投资应当纳入建设项目概算。

条文注释

建设项目安全设施的"三同时"简单来说,应达到以下要求:(1)建设项目的设计单位编制建设项目投资计划文件时,同时编制安全设施的设计文件。(2) 生产经营单位在编制建设项目投资计划和财务计划时，同时编报安全设施所需投资并纳入计划。(3) 需报经主管部门批准的建设项目报批时，同时报送安全设施设计文件。(4) 安全设施与主体工程应同时进行施工。(5) 生产设备调试阶段同时对安全设施进行调试和考核，并对其效果进行评价。(6) 建设项目验收时，同时对安全设施进行验收。(7) 安全设施与主体工程同时投入生产和使用。

● ***相关规定***

《劳动法》第53条；《矿山安全法》第7条；《建筑法》第38条；《建设项目安全设施“三同时”监督管理办法》

第三十二条　【特殊建设项目的安全评价】矿山、金属冶炼建设项目和用于生产、储存、装卸危险物品的建设项目，应当按照国家有关规定进行安全评价。

条文注释

建设项目的安全评价，主要是指在建设项目可行性研究阶段的安全预评价，即根据建设项目可行性研究阶段报告的内容，运用科学的评价方法，分析和预测该建设项目存在的危险、危害因素的种类和危险、危害程度，提出合理可行的安全技术和管理对策，作为该建设项目初步设计中安全设计和建设项目安全管理、监察的重要依据。

● ***相关规定***

《矿山安全法实施条例》第6条

第三十三条　【设计和审查人员的责任】建设项目安全设施的设计人、设计单位应当对安全设施设计负责。

矿山、金属冶炼建设项目和用于生产、储存、装卸危险物品的建设项目的安全设施设计应当按照国家有关规定报经有关部门审查，审查部门及其负责审查的人员对审查结果负责。

● ***相关规定***

《矿山安全法》第8~12条

第三十四条 【建设项目安全设施的施工和竣工验收及其监督检查】矿山、金属冶炼建设项目和用于生产、储存、装卸危险物品的建设项目的施工单位必须按照批准的安全设施设计施工，并对安全设施的工程质量负责。

矿山、金属冶炼建设项目和用于生产、储存、装卸危险物品的建设项目竣工投入生产或者使用前，应当由建设单位负责组织对安全设施进行验收；验收合格后，方可投入生产和使用。负有安全生产监督管理职责的部门应当加强对建设单位验收活动和验收结果的监督核查。

案例 9

森源公司与中交煤热公司建设工程设计合同纠纷案［甘肃省高级人民法院（2019）甘民再71号］

2016年6月25日，因建设临夏州土桥镇CNG加气站改造工程，原告森源公司作为工程发包人与被告中交煤热公司签订建设工程设计安装合同。该合同约定："合同签约3日后原告支付30%预付款，具备施工准备工作后，由双方商定开工日期""原告按照合同给被告付清除保证金以外的所有工程款项后，被告给原告交清所有竣工资料""工程未经验收，原告提前使用或擅自动用，由此发生的损失由原告承担，并以通过验收论"。合同签订后，原告没有按照合同约定向被告交付所有工程所需材料及相关文件，先后于2016年7月8日预付工程款18.9万元、2016年8月24日给付22.5万元。被告于2016年8月24日开始施工，2016年10月5日完成设计、安装，但未向原告交付设计文件、竣工资料等相关手续。后由于干燥器无法完成再生回收，致使工程建成后无法正常运行，2016年11月又安装了一个内循环装置后，该加气站正常加气。2017年1月，该加气站开始试运营。森源公司向一审法院起诉请求：（1）依法判决被告继续履行合同，交付设计文件、竣工资料等相关手续；(2) 被告按照合同约定承担因延迟交付设计文件所产生的违约金26.46万元；(3) 被告按照合同约定承担因延期竣工所产生的违约金3.15万元；

一审法院认为，依法成立的合同是当事人真实意思表示，合同双方应本着诚实信用的原则全面履行自己的合同义务，违反合同约定应当依约定承担违约责任。本案中，原告要求被告继续履行合同交付相关文件，但该合同第十五条第九款明确约定，原告给付除保修金以外的所有安装款项后，被告才向原告交清所有竣工资料，故被告未交付相关文件资料是行使正当的合同抗辩权的合法行为，原告应当先行给付合同价款后，才有权向被告主张要求交付相关资料。原告主张被告承担延迟交付设计文件产生的违约金的诉求不予支持，因原告无法明确要求被告给付设计文件、竣工资料范围，故应以原告认可的被告提供的交付清单为准。原告要求被告按照合同约定承担延期竣工产生的违约金的诉求，合同约定工期30日，被告辩称因下雨延误工期未在规定期限内按时完工，但按照合同第七条第三款第四项约定，发生风雨不能施工，应当经原告代表签证后工期可以延长。被告虽通知了原告，但未取得原告方签证，故被告抗辩理由不成立，应当承担延期竣工的违约责任。原告主张要求被告赔偿设计缺陷造成的损失，因原告未提供充足证据证明被告设计存在缺陷，不予支持。

二审法院认为，根据本案查明的事实，案涉工程在未进行竣工验收的情形下，已于2017年1月投入运营至今。最高人民法院相关司法解释对于未经竣工验收发包人擅自使用建设工程的情形，明确规定发包人不得再向工程承包人就质量问题主张权利，该工程视为验收合格。上诉人森源公司在一审中提出对案涉工程进行质量鉴定申请被驳回后，继续主张司法鉴定，该主张与上述解释的规定相悖，不予支持。森源公司所依据的我国安全生产法的相关规定，与上述司法解释的规定并不相悖，无论法律还是司法解释均禁止建设工程未经验收即投入使用，但在出现案涉工程未经验收即使用的情形下，应依照司法解释的规定处理。森源公司请求被上诉人中交煤热公司因延误工期承担违约金29.61万元的主张，其中3.15万元的部分主张成立并已被一审判决确认，其余26.46

万元违约金的主张，其依据是合同中关于设计文件交付延误的约定，而本案中并不存在中交煤热公司存在迟延交付设计文件的情形，故该主张不能成立，不予支持。中交煤热公司未向森源公司交付竣工验收资料，是其按照合同约定及法律规定行使“先履行抗辩权”的行为，不存在违约。森源公司请求中交煤热公司给付案涉工程遗漏设备干燥器给其造成的损失281354元，但根据庭审查明事实，在设备安装过程中，双方已就该项设备的安装进行变更达成一致意见，并已按照变更后的方案安装完毕，不存在森源公司主张的遗漏设备的情形，故对其该项主张不予支持。综上所述，森源公司的上诉请求不能成立，应予驳回；一审判决认定事实基本清楚，适用法律正确，应予维持。二审法院判决：驳回上诉，维持原判。

再审法院认为，依法成立的合同是当事人真实意思表示的体现和权利义务产生的重要依据，当事人应当按照合同约定行使权利和履行义务。合同也是法院裁决认定责任的基本事实依据。本案中，森源公司与中交煤热公司签订的建设工程设计安装合同，系双方真实意思表示，不违反法律、行政法规的禁止性规定，合法有效，双方应秉承诚实信用原则严格履行各自的义务。

《中华人民共和国合同法》① 第二百七十九条规定：“建设工程竣工后，发包人应当根据施工图纸及说明书、国家颁发的施工验收规范和质量检验标准及时进行验收。验收合格的，发包人应当按照约定支付价款，并接收该建设工程。建设工程竣工验收合格后，方可交付使用；未经验收或者验收不合格的，不得交付使用。”《最高人民法院关于审理建设工程施工合同纠纷案件适用法律问题的解释》第十三条规定：“建设

---

① 《中华人民共和国民法典》于2021年1月1日起实施，《中华人民共和国婚姻法》《中华人民共和国继承法》《中华人民共和国民法通则》《中华人民共和国收养法》《中华人民共和国担保法》《中华人民共和国合同法》《中华人民共和国物权法》《中华人民共和国侵权责任法》《中华人民共和国民法总则》同时废止。最高人民法院对相关司法解释也进行了废止或修改。本书收录的案例均裁判于《中华人民共和国民法典》生效前，适用的是当时有效的法律法规及司法解释，下文将不再对民法典及相关司法解释的时效性进行提示。

工程未经竣工验收，发包人擅自使用后，又以使用部分质量不符合约定为由主张权利的，不予支持；但是承包人应当在建设工程的合理使用寿命内对地基基础工程和主体结构质量承担民事责任。”因此，建设工程竣工后应当进行竣工验收并经验收合格后方可交付使用。《中华人民共和国安全生产法》第二十八条规定：“生产经营单位新建、改建、扩建工程项目的安全设施，必须与主体工程同时设计、同时施工、同时投入生产和使用。安全设施投资应当纳入建设项目概算。”该法第三十一条规定：“矿山、金属冶炼建设项目和用于生产、储存、装卸危险物品的建设项目的施工单位必须按照批准的安全设施设计施工，并对安全设施的工程质量负责。矿山、金属冶炼建设项目和用于生产、储存危险物品的建设项目竣工投入生产或者使用前，应当由建设单位负责组织对安全设施进行验收；验收合格后，方可投入生产和使用。安全生产监督管理部门应当加强对建设单位验收活动和验收结果的监督核查。”根据上述法律规定，森源公司对涉案工程有责任组织验收，验收合格后方可投入使用；未经验收或者验收不合格的，不得擅自使用；擅自使用后又以使用部分质量不符合约定为由主张权利的，不予支持。在双方签订的建设工程设计安装合同中也有“工程未经验收，原告提前使用或擅自动用，由此发生的损失由原告承担，并以通过验收论”的约定。森源公司未按照上述法律规定和合同约定组织竣工验收即投入使用，且在认为涉案工程存在安全隐患的情况下违法运营至今，导致工程质量无法鉴定，应承担不利的法律后果。森源公司没有证据证明中交煤热公司的施工图纸存在设计缺陷，无权就自己违法行为导致的后果要求中交煤热公司承担赔偿责任。森源公司在原审对其鉴定申请驳回后继续申请司法鉴定的主张，因与上述法律规定相悖，不予支持，原审对此处理正确。森源公司应立即停止违法运营，尽快组织竣工验收。

综上所述，森源公司的相关主张缺乏事实和法律依据，不予支持。

● 相关规定

《矿山安全法》第12条；《矿山安全法实施条例》第7~10条；《危险化学品安全管理条例》第20条

第三十五条　【安全警示标志】生产经营单位应当在有较大危险因素的生产经营场所和有关设施、设备上，设置明显的安全警示标志。

条文注释

所谓“危险因素”，主要指能对人造成伤亡或者对物造成突发性损害的各种因素。所谓“安全警示标志”，指由安全色、几何图形和图形符号构成的标志，旨在引起人们对危险因素的注意，预防生产安全事故的发生。

我国目前使用的安全色主要有四种：(1) 红色，表示禁止、停止，也代表防火；(2) 蓝色，表示指令或必须遵守的规定；(3) 黄色，表示警告、注意；(4) 绿色，表示安全状态、提示或通行。

我国目前常用的安全警示标志也可分为四大类：(1) 禁止标志，即圆形内画一斜杠，并用红色描画成较粗的圆环和斜杠；(2) 警告标志，即“△”，三角的背景用黄色，三角图形和三角内的图像均用黑色描绘，警告人们注意可能发生的各种危险；(3) 指令标志，即“○”，在圆形内配上指令含义的颜色——蓝色，并用白色绘画必须履行的图形符号，构成“指令标志”，要求到这个地方的人必须遵守；(4) 提示标志，以绿色为背景的长方几何图形，配以白色的文字和图形符号，并标明目标的方向，即构成提示标志，如消防设备提示标志等。

案例 10

许某生、吴某仙诉东南发展、万祥船舶海上人身损害责任纠纷案

[厦门海事法院（2017）闽 72 民初 156 号]

2017 年 1 月 19 日，原告之子朱某群驾驶福建号牌小轿车进入大澳渔港码头时，不慎坠落海中。经 120 急救中心医护人员诊断，该人确已死亡，案发大澳渔港码头，在进出渔港码头处，被告万祥船舶后续建有门岗与车辆阻拦设施，门岗处专门派设人员值班、收费，并续建有办公大楼。除原建几个系缆石头桩外，码头区域及其临海外延平整，沿海侧既无任何水泥防护栏、护墩等相关设施，也无任何交通警示性标志，更无其他任何灯光或危险警示提醒标识。直至本案庭审结束后，上述状况依然保持原状未变。

另查明，被告东南发展系案涉大澳渔港的开发建设人、物业管理人及出租人，被告万祥船舶是案涉大澳渔港的承租人、实际经营人。

两原告认为，被告东南发展系大澳渔港的业主单位，被告万祥船舶系大澳渔港的实际经营管理者，依法应当尽到妥善的维护、管理义务，应在码头区域设置明显警示标志，并在临海区域安装防护栏，保证充分的照明条件及应急救生条件，以及其他排除安全隐患的措施，维护在码头作业人员包括进港运输货物人员的人身财产安全。故此，诉至厦门海事法院，请求两被告连带赔偿原告之子死亡赔偿金等各项费用共计770382元。

厦门海事法院经审理认为，根据安全生产法第三十二条规定，生产经营单位应当在有较大危险因素的生产经营场所和有关设施、设备上，设置明显的安全警示标志。被告万祥船舶作为生产经营性企业，对其租赁经营管理的渔港码头，为靠泊船舶提供装卸渔获物、冰块、用水、油料等服务，并同时对进出车辆进行收费管理，即应依法在其经营和有关设施、设备上，设置明显的安全警示标志。否则即应承担由此产生的法律责任与不利的民事后果。案涉证据表明其公司经营管理的大澳渔港码头，并未设置明显的安全警示标志，灯光照明不足，码头沿海侧并未添加、构建或设置阻拦、警示、安全等标志，故对原告之子驾驶车辆坠海身亡，负有一定的过失，应承担相应的民事赔偿责任。

被告东南发展作为大沃（澳）渔港港区开发建设、物业管理及相关业务的民商事主体以及案涉大澳渔港码头的出租方，应对被告万祥船舶承担的安全保障义务承担连带赔偿责任。根据《中华人民共和国侵权责任法》第十条的规定，二人以上实施危及他人人身、财产安全的行为，其中一人或者数人的行为造成他人损害，能够确定具体侵权人的，由侵权人承担责任；不能确定具体侵权人的，行为人承担连带责任。故原告诉请被告东南发展承担连带责任，于法有据，应予支持。

考虑到原告之子朱某群属于完全民事行为能力人，在夜间驾驶车辆时，应考虑到能见度受限情况，谨慎驾驶；尤其是进入案涉码头作业区靠近沿海侧，更应谨慎驾驶，注意观察码头场地周围具体情况，以免发生不测，故其自身应对自行驾驶车辆不慎坠落海中身亡负主要责任。综合考虑到其自身过失程度，法院酌定其承担70%的过失责任。港口企业在日常经营过程中，会给进入港口码头作业范围的其他人带来一定的风险隐患，作为港口企业的实际经营人，最有能力通过采取一定的防范措施，降低港口作业设施设备的安全风险。如港口企业未尽到相关法律、法规及行政规章等规定的安全生产防范义务，则应对进入港口经营范围的经营业务相对人和非经营业务相对人承担侵权责任。而被告万祥船舶未尽租赁经营管理人法定安全保障义务，对朱某群死亡也负有一定程度的过失，酌定其承担30%的过失责任。

案例11

袁某聪、伍某以生命权、健康权、身体权纠纷案［四川省凉山彝族自治州中级人民法院（2020）川34民终995号］

2019年10月1日，二原告伍某以、吉某的孩子伍某某在普格县中死亡，经普格县公安局刑事侦查大队法医鉴定，伍某某系溺水身亡。该水塘系被告袁某聪因煤厂生产经营所需，在土地上取土形成，土地的承包经营权归被告黎某明。事故发生后，原告伍某以、吉某与被告袁某聪、黎某明于2019年10月3日在普格县公安局普基派出所的主持下达成治安调解协议，协议约定：(1) 乙方黎某明、袁某聪先垫付伍某某安葬等各项费用共计10万元整，当场支付，黎某明、袁某聪各付5万元整。(2) 甲方伍某以及其亲属不再因此事纠缠乙方；后续赔偿费用由甲乙双方通过司法程序解决。(3) 甲、乙双方不得再因此事发生纠缠对方，否则公安机关将从严处罚当事人。(4) 如法院等司法机关最终判决或裁定赔偿费用低于10万元整，乙方黎某明和袁某聪不再要求甲方伍某以退还多余部分。如法院判决或裁定赔偿费用多余10万元整，多余部分由乙方黎某明和袁某聪共同承担。乙方黎某明和袁某聪在全部赔偿金额中承担比例由黎某明、袁某聪协商或请司法机关裁定。

一审法院认为，本案争议的焦点之一是被告袁某聪、黎某明应当承担的责任比例，以及袁某聪、黎某明在责任范围内各自应当承担的责任比例。公民享有生命权、健康权，任何人不得加以侵害，对于侵害他人生命权、健康权的，应当承担赔偿责任。本案中伍某某死亡地点位于普格县，该水塘是本案被告袁某聪生产经营所需，在土地上取土形成，该水塘明显加大了过往行人的安全风险，《中华人民共和国安全生产法》第三十二条规定，生产经营单位应当在有较大危险因素的生产经营场所和有关设施、设备上，设置明显的安全警示标志。《中华人民共和国侵权责任法》第九十一条第一款规定，在公共场所或者道路上挖坑、修缮安装地下设施等，没有设置明显标志和采取安全措施造成他人损害的，施工人应当承担侵权责任。《最高人民法院关于审理人身损害赔偿案件适用法律若干问题的解释》第六条第一款规定："从事住宿、餐饮、娱乐等经营活动或者其他社会活动的自然人、法人、其他组织，未尽合理限度范围内的安全保障义务致使他人遭受人身损害，赔偿权利人请求其承担相应赔偿责任的，人民法院应予支持。"被告袁某聪在一审庭审期间自认其分别于2017年、2019年两次在水塘处取土，其作为水塘的经营管理人，未在水塘周围设置明显的警戒线、警示标志，也未采取在水塘周围设置围栏等安全措施，未尽到安全注意义务，对事故的发生存在不可推卸的责任。被告袁某聪称是其向本案第二被告黎某明购买泥土，与黎某明之间是买卖关系，且土地的承包人、管理人、受益人均不是袁某聪，并且该土地的发包方具有发包权、监督权、制止权，从水塘的形成至今已经多年，发包方及相关行政管理机构并没有制止和监督，被告黎某明出卖承包地的泥土以致形成事发时的深坑，因此不是本案的适格被告，不应当承担赔偿责任的答辩意见于法无据，不予采纳。被告黎某明作为案涉土地的承包经营权人，其对承包经营的土地具有经营收益的权利，也有管理的义务，其未能督促被告袁某聪合理取土，未督促袁某聪对取土形成的水塘进行回填。事故发生后原告伍某以、吉某与被告袁某聪、黎某明于2019年10月3日在普格县公安局普基派出所的主持下达成治安调解协议，该协议是各方当事人的真实意思表示，是对自身权利的自由处分，不违反法律规定，予以确认。《中华人民共和国民法总则》第三十四条规定："监护人的职责是代理被监护人实施民事法律行为，保护被监护人的人身权利、财产权利以及其他合法权益等。监护人依法履行监护职责产生的权利，受法律保护。监护人不履行监护职责或者侵害被监护人合法权益的，应当承担法律责任。”本案中，原告伍某以、吉某作为伍某某的法定监护人，未能履行好自身的监护职责，其在外出就医过程中未能有效监管、看管好未成年子女伍某某，对事故的发生亦存在过错，应当承担相应的法律责任。一审法院认定上诉人袁某聪和被上诉人黎某明各承担25%责任，并互为连带责任正确。

第三十六条　【生产经营单位安全设备管理】安全设备的设计、制造、安装、使用、检测、维修、改造和报废，应当符合国家标准或者行业标准。

生产经营单位必须对安全设备进行经常性维护、保养，并定期检测，保证正常运转。维护、保养、检测应当作好记录，并由有关人员签字。

生产经营单位不得关闭、破坏直接关系生产安全的监控、报警、防护、救生设备、设施，或者篡改、隐瞒、销毁其相关数据、信息。

餐饮等行业的生产经营单位使用燃气的，应当安装可燃气体报警装置，并保障其正常使用。

条文注释

本条所称的安全设备，主要是指为了保护从业人员等生产经营活动参与者的安全，防止生产安全事故发生以及在发生生产安全事故时用于救援而安装使用的机械设备和器械，因而需要按照国家有关要求在生产经营活动中配备，以确保生产安全和事故救援顺利进行。

这里需要注意，第三款提到“不得关闭”，将消极的关闭纳入安全设备管理的范畴。第四款特别提到餐饮等行业的燃气使用，对安装可燃气体报警装置作出强制性规定，表述为“应当”。

案例 12

张某3等与新讯公司等提供劳务者受害责任纠纷案［重庆市第四中级人民法院（2020）渝04民终956号］

2018年8月22日，新讯公司施工人员张某3、张某、尚某文等三人在县公安局指挥中心业务用房5楼安装网线。当张某3用人字梯爬进511室内门口上方的吊顶内准备接网线时，手接触到吊顶内龙骨架后倒在了吊顶内。张某见状马上爬上去救张某3，当张某手碰到吊顶龙骨时，感觉到有电，就去5楼强电井关电源总闸，并呼喊尚某文。张某在关了5楼强电总闸后，再次爬到吊顶上准备救张某，手碰到吊顶里面的一根金属龙骨时整个右臂被电击麻木，张某使劲挣脱后又与尚某文一起再去关电闸，在强电井发现并关闭了5楼空调总闸，确定龙骨架没有带电后，与随后赶到的尚某芳一起把张某3从511室吊顶内救下来。当时张某3已不省人事，后送到县人民医院抢救。

后对县公安局指挥中心业务用房511室张某3触电事发现场进行了勘测，出具了《鉴定意见书》。鉴定结论为：张某3触电事故原因系某县公安局指挥中心业务用房511室空调开关盒内导线被空调开关面板螺丝挤压、绝缘破损导致导体外露，外露的导体通过空调开关面板螺丝接触金属材质空调开关底盒，空调开关底盒带电时，电流通过空调开关盒、空调开关线管传至龙骨架，使龙骨架带电导致张某3触电。

2018年11月6日，联合调查组作出《业务用房装修工程"8·22"触电事故调查报告》。该报告事故责任认定为：(1) 奥克公司。作为中央空调的安装施工单位，在安装县公安局指挥中心业务用房511室空调控制开关这个安全设备时作业不规范，致使空调控制开关导线漏电，电流通过空调开关盒、空调开关线管传至吊顶龙骨架，导致张某3在施工中触碰到带电的龙骨架发生触电事故。违反了《中华人民共和国安全生产法》第三十三条"安全设备的设计、制造、安装、使用、检测、维修、改造和报废，应当符合国家标准或者行业标准"的规定，对事故发生负有主要责任。(2) 新讯公司。作为县公安局指挥中心业务用房三级网建设调整工程的现场施工单位，未制定专项施工方案，施工现场缺乏有效检查和管理，未对临时招用的施工人员进行安全生产培训和资格审查，未给施工人员配备必要的安全劳动防护用品。违反了《中华人民共和国安全生产法》第二十七条“生产经营单位的特种作业人员必须按照国家有关规定经专门的安全作业培训，取得相应资格，方可上岗作业”之规定，以及［国家标准 GBT3608－2008《高处作业分级》规定：“凡在坠落高度基准面2m以上（含2m）有可能坠落的高处进行作业，都称为高处作业］和第四十二条“生产经营单位必须为从业人员提供符合国家标准或者行业标准的劳动防护用品，并监督、教育从业人员按照使用规则佩戴、使用”的规定，对事故发生负有次要责任。(3) 中国电信某县分公司。作为县公安局指挥中心业务用房三级网建设调整工程承包单位，以包代管，安全管理缺位，且未与施工单位签订工程和安全协议，未对施工单位、施工人员进行技术交底，未安排人员到施工现场监督管理，违反了《中华人民共和国安全生产法》第四十六条第二款“生产经营项目、场所发包或者出租给其他单位的，生产经营单位应当与承包单位、承租单位签订专门的安全生产管理协议，或者在承包合同、程货合同中约定各自的安全生产管理职责；生产经营单位对承包单位、承短单位的安全生产工作统一协调、管理，定期进行安全检查，发现安全问题的，应当及时督促整改”的规定，对事故发生负次要责任。(4) 某县公安局。作为此次事故发生的业主单位，未与承包单位签订工程和安全协议，未及时发现并督促整改施工现场的安全隐患。违反了《中华人民共和国安全生产法》第四十六条第二款“生产经营项目、场所发包或者出租给其他单位的，生产经营单位应当与承包单位、承租单位签订专门的安全生产管理协议，或者在承包合同、租赁合同中约定各自的安全生产管理职责；生产经营单位对承包单位、承租单位的安全生产工作统一协调、管理，定期进行安全检查，发现安全问题的，应当及时督促整改”的规定，对事故发生负有次要责任。

一审法院认为，根据《中华人民共和国侵权责任法》第六条第一款的规定，行为人因过错侵害他人民事权益，应当承担侵权责任。本案死者张某3在某县公安局指挥中心业务用房提供劳务时，因触电事故造成死亡。某县安监局根据某县人民政府的授权，组织联合调查组进行了事故调查，并作出了事故调查报告；某县人民政府也批复同意该事故调查报告。故法院对《业务用房装修工程“8·22”触电事故调查报告》予以采信，奥克公司在安装县公安局指挥中心业务用房511室空调开关时，接线安装不规范，拧紧空调面板螺丝时挤压导线漏电，电流通过空调开关盒、空调开关线管传至吊顶龙骨架，使龙骨架带电。张某3在施工作业时触碰到带电的龙骨架，是造成此次事故的直接原因。其对张某3的死亡承担主要责任，酌定其承担70%的赔偿责任。中国电信某县分公司违规转包网络线路调整业务，该公司在接到县公安局指挥中心业务用房三级网建设调整工程后，转包给新讯公司，安全管理缺位；未对施工单位、施工人员进行安全技术交底，未对施工中存在的安全风险进行辨识；对施工单位使用无特种作业资质人员未发现并制止。其承担次要责任，酌定承担10%的赔偿责任。新讯公司作为某县公安局指挥中心业务用房三级网建设调整工程的现场施工单位，未制定专项施工方案，施工现场缺乏有效检查和管理，未对临时招用的施工人员进行安全生产培训和资格审查，未给施工人员配备必要的安全劳动防护用品。其承担次要责任，酌定其承担10%的赔偿责任。

奥克公司提起上诉。法院认为，本案二审的争议焦点之一为一审判决采信平正公司作出的鉴定意见书及某县安监局作出的《事故调查报告》认定本案责任主体及划分责任比例是否得当。首先，平正公司鉴定意见书对事故发生的原因作出了明确的结论，虽然该鉴定意见书并未附鉴定人员的鉴定资质材料，但该鉴定意见书仅是事故发生原因的初步证据，奥克公司如不服该鉴定意见，可在诉讼中申请司法鉴定以推翻该鉴定意见。而奥克公司在一、二审中均未申请对事故发生的原因进行重新鉴定，一审法院采信平正公司鉴定意见书认定事故发生的原因并无不当。其次，虽然某县安监局作出的《事故调查报告》没有邀请检察机关参与，也未让本案的当事人某县公安局回避，即使程序上有一定的瑕疵，不按该事故调查报告作出的责任认定来确定本案各方当事人的责任，也可直接参照平正公司鉴定意见书的事故发生的原因来认定案涉当事人的责任。最后，从平正公司鉴定意见书作出的事故原因分析来看，张某3触电是某县公安局指挥中心业务用房511室空调开关盒内导线被空调开关面板螺丝挤压、绝缘破损导致导体外露，外露的导体通过空调开关面板螺丝接触金属材质空调开关底盒，空调开关底盒带电时，电流通过空调开关盒、空调开关线管传至龙骨架，使龙骨架带电导致。虽然从逻辑上讲，并不排除奥克公司在安装该空调开关盒时没有破坏盒内导线的绝缘体，而是在安装完毕后因第三人的原因导致该导线绝缘体被破坏。但对于该事实的存在，目前没有相应的证据予以证明，仅存在一种理论上的可能性。奥克公司主张其在安装完毕后经过验收合格，所以该问题不应出在公司安装环节，但其并没有举示充分证据证明如安装时即存在空调开关盒内绝缘导线破损的问题通过常规验收程序就能及时发现漏电问题。那么，其主张空调开关盒内绝缘导线破损可能系第三人造成，就应当为其主张的该事实承担举证责任。而本案中，奥克公司仅仅提出该种可能性，并未能举示证据予以佐证。故一审法院认定空调开关盒内绝缘导线破损系奥克公司安装空调开关盒时即存在的事实并无不当，据此认定奥克公司对张某3的损害后果承担主要责任也是正确的。

● ***相关规定***

《矿山安全法》第15条、第16条；《建设工程安全生产管理条例》第34条、第35条；《危险化学品安全管理条例》第26条

第三十七条　【危险物品的容器、运输工具以及部分特种设备的特殊管理】生产经营单位使用的危险物品的容器、运输工具，以及涉及人身安全、危险性较大的海洋石油开采特种设备和矿山井下特种设备，必须按照国家有关规定，由专业生产单位生产，并经具有专业资质的检测、检验机构检测、检验合格，取得安全使用证或者安全标志，方可投入使用。检测、检验机构对检测、检验结果负责。

条文注释

本条规定的是安全生产中的特殊管理对象。首先是危险物品的容器、运输工具。国家对其实行生产许可制度，生产这类“危险化学品包装物、容器”应当依照工业产品生产许可证管理条例的规定，取得许可

证。接受国务院质量监督检验检疫部门认定的检验机构检验合格后，才可出厂销售。其次是部分特种设备，具体可参照《中华人民共和国特种设备安全法》的有关规定。

● ***相关规定***

《特种设备安全法》第18条、第100条；《危险化学品安全管理条例》第17条、第18条；《工业产品生产许可证管理条例》第2条

第三十八条　【淘汰制度】国家对严重危及生产安全的工艺、设备实行淘汰制度，具体目录由国务院应急管理部门会同国务院有关部门制定并公布。法律、行政法规对目录的制定另有规定的，适用其规定。

省、自治区、直辖市人民政府可以根据本地区实际情况制定并公布具体目录，对前款规定以外的危及生产安全的工艺、设备予以淘汰。

生产经营单位不得使用应当淘汰的危及生产安全的工艺、设备。

条文注释

危及生产安全的工艺、设备分两个等级：一是严重危及生产安全的工艺、设备；二是其他危及生产安全的工艺、设备。

● ***相关规定***

《煤炭法》第29条；《建设工程安全生产管理条例》第45条

第三十九条　【危险物品的监管】生产、经营、运输、储存、使用危险物品或者处置废弃危险物品的，由有关主管部门依照有关法律、法规的规定和国家标准或者行业标准审批并实施监督管理。

生产经营单位生产、经营、运输、储存、使用危险物品或者处置废弃危险物品，必须执行有关法律、法规和国家标准或者行业标准，建立专门的安全管理制度，采取可靠的安全措施，接受有关主管部门依法实施的监督管理。

条文注释

危险物品，是指易燃易爆物品、危险化学品、放射性物品等能够危及人身安全和财产安全的物品。

有关主管部门，由于这类危险品物品涉及的行业多、领域多、法律规范对危险物品的监督管理见于多部法律中，故此处所指有关部门，即除安监部门外，还有根据危险物品相关的活动特点，相对应的主管部门。

案例13

五星货运部与某区应急局行政处罚纠纷案［江苏省常州市中级人民法院（2020）苏04行终40号］

2019年3月26日某区应急局在对五星货运部进行执法检查时，发现五星货运部的货物堆放现场堆放了280KG/桶的三氯乙烯7桶，遂拍照取证。五星货运部委托了其员工竺某杰全权处理被查事宜。竺某杰当日在《现场检查记录》上签字对检查情况予以了确认。次日某区应急局向五星货运部询问后发出《责令限期整改指令书》责令五星货运部对储存危险物品未建立专门安全管理制度、未采取可靠的安全措施的行为于2019年4月5日前整改完毕，达到有关法律、法规规章和标准规定的要求，竺某杰在《询问笔录》及《责令限期整改指令书》上签字确认。2019年4月1日，某区应急局对五星货运部上述违法行为予以立案。2019年4月15日，某区应急局向五星货运部发出《行政处罚告知书》及《行政处罚听证告知书》。决定对五星货运部在2019年3月26日储存危险物品未建立专门安全管理制度、未采取可靠的安全措施的行为处以8万元罚款的行政处罚。五星货运部不服该行政处罚，向法院提起诉讼，要求判如所请。

一审法院认为，《中华人民共和国安全生产法》第九条规定，县级以上地方各级人民政府安全生产监督管理部门依照本法，对本行政区域内安全生产工作实施综合监督管理……县级以上地方各级人民政府有关部门依照本法和其他有关法律、法规的规定，在各自的职责范围内对有关行业、领域的安全生产工作实施监督管理。安全生产监督管理部门和对有关行业、领域的安全生产工作实施监督管理的部门，统称负有安全生产监督管理职责的部门。

关于涉案行政处罚所依据的事实及适用法律，法院认为《中华人民共和国安全生产法》第三十六条第二款的规定针对的是“生产经营单位”而非“生产经营运输危险化学品的单位”，五星货运部属于该条款的规范对象；五星货运部在接收托运物品时可以明显看到托运物外观显示为三氯乙烯，而五星货运部作为运输企业却无法分辩物品性质，还安排货物落地暂存，又没有采取安全可靠的储存方法，五星货运部的行为明显违反《中华人民共和国安全生产法》第三十六条第二款的规定，应予处罚。某区应急局适用《中华人民共和国安全生产法》第三十六条第二款、第九十八条第一项的规定对五星货运部作出处罚并无不当。依照《中华人民共和国行政诉讼法》第六十九条的规定，判决：驳回五星货运部的诉讼请求。

上诉人五星货运部上诉称，上诉人是非危化品运输单位，没有相应资质，在日常管理中未建立专门的安全管理制度，由于自己的过失对客户的暂存物品未及时转移，不是《中华人民共和国安全生产法》第三十六条第二款立法本意上的“生产经营单位”，不应受到案涉的处罚。即使上诉人存在过错，也不存在主观恶意，被上诉人依据安全生产法处8万元的罚金，明显处罚过当。综上，请求法院依法撤销原审判决并改判。

二审法院认为，根据《中华人民共和国安全生产法》第二条规定：“在中华人民共和国领域内从事生产经营活动的单位（以下统称生产经营单位）的安全生产，适用本法；有关法律、行政法规对消防安全和道路交通安全、铁路交通安全、水上交通安全、民用航空安全以及核与辐射安全、特种设备安全另有规定的，适用其规定。”结合《中华人民共和国安全生产法》第三十六条第二款规定，《中华人民共和国安全生产法》所指的生产经营单位包括从事生产、经营、运输、储存、使用危险物品或者处置废弃危险物品、未取得危化品运输储存资质的非危化品运输单位，上诉人应当是本案案涉被处罚的“生产经营单位”对象。被上诉人对上诉人“储存危险物品未建立专门安全管理制度、未采取可靠的安全措施的行为”处罚款8万元的行政处罚并无不当。

相关案例索引

王某成等非法买卖、储存危险物质案（最高人民法院指导案例13号）

本案要点

（1）国家严格监督管理的氰化钠等剧毒化学品，易致人中毒或者死亡，对人体、环境具有极大的毒害性和危险性，属于《中华人民共和国刑法》第一百二十五条第二款规定的“毒害性”物质。（2）“非法买卖”毒害性物质，是指违反法律和国家主管部门规定，未经有关主管部门批准许可，擅自购买或者出售毒害性物质的行为，并不需要兼有买进和卖出的行为。

● ***相关规定***

《放射性污染防治法》第9条、第17条；《危险化学品安全管理条例》第4～6条、第24条、第25条

第四十条　【重大危险源管理】生产经营单位对重大危险源应当登记建档，进行定期检测、评估、监控，并制定应急预案，告知从业人员和相关人员在紧急情况下应当采取的应急措施。

生产经营单位应当按照国家有关规定将本单位重大危险源及有关安全措施、应急措施报有关地方人民政府应急管理部门和有关部门备案。有关地方人民政府应急管理部门和有关部门应当通过相关信息系统实现信息共享。

条文注释

本条是关于生产经营单位重大危险源的管理规定。

需要注意的是，本条第一款要求的定期检测、评估、监控，可以由本单位的有关人员完成，也可以委托具有相应资质的中介机构进行。本条第一款所称的相关人员，主要针对重大危险源发生事故时，可能受到损害的生产经营单位意外的人员。

本次修改增加一句，强调有关部门通过信息系统做到信息共享，政务数据的共享，将有利于多部门齐抓共管又各司其职，确保安全监管不缺位、不空位。这也是推行电子政务的一项具体举措。

● ***相关规定***

《危险化学品安全管理条例》第 19 条、第 25 条

第四十一条　【生产经营单位事故隐患治理】生产经营单位应当建立安全风险分级管控制度，按照安全风险分级采取相应的管控措施。

生产经营单位应当建立健全并落实生产安全事故隐患排查治理制度，采取技术、管理措施，及时发现并消除事故隐患。事故隐患排查治理情况应当如实记录，并通过职工大会或者职工代表大会、信息公示栏等方式向从业人员通报。其中，重大事故隐患排查治理情况应当及时向负有安全生产监督管理职责的部门和职工大会或者职工代表大会报告。

县级以上地方各级人民政府负有安全生产监督管理职责的部门应当将重大事故隐患纳入相关信息系统，建立健全重大事故隐患治理督办制度，督促生产经营单位消除重大事故隐患。

条文注释

根据现行标准的规定，隐患主要有三个方面：人的不安全行为、物的不安全状态和管理上的缺陷。生产经营单位的事故隐患分为一般事故隐患和重大事故隐患，一般事故隐患，是指危害和整改难度较小，发现

后能够立即整改排除的隐患。重大事故隐患，是指危害和整改难度较大，应当全部或者局部停产停业，并经过一定时间整改治理方能排除的隐患，或者因外部因素影响致使生产经营单位自身难以排除的隐患。

本条第二款明确了事故隐患排查治理情况的具体方式，列举了通过职工大会和职工代表大会进行公示的方法，强化了工会在安全事故预防和监管中的重要作用。同时规定，重大事故隐患的通报对象一是从业人员，二是负有安全生产监督管理职责的部门，可以形象地称为“上传下达”，以便能够及时做好防范，避免人民群众伤亡，避免造成经济损失，这也是本法强调“预防为主”的具体体现。

第四十二条　【生产经营场所和员工宿舍的安全要求】生产、经营、储存、使用危险物品的车间、商店、仓库不得与员工宿舍在同一座建筑物内，并应当与员工宿舍保持安全距离。

生产经营场所和员工宿舍应当设有符合紧急疏散要求、标志明显、保持畅通的出口、疏散通道。禁止占用、锁闭、封堵生产经营场所或者员工宿舍的出口、疏散通道。

案例 14

王某辉诉志涵公司等生命权、健康权、身体权纠纷案［云南省昆明市中级人民法院（2017）云01民终7122号］

原告在被告志涵公司工作，公司经营地址在昆明市度假区的一处商铺，一楼商铺为公司的办公经营场所，二楼为员工宿舍。2015年9月12日2时8分左右，商铺发生火灾事故，致原告王某辉受伤，后经昆明市公安消防支队滇池旅游度假区大队作出昆［度］公消火认字［2015］第0003号《火灾事故认定书》确认：火灾烧损被告袁某光及房屋所有权人何某的房屋装修装饰、操作台、塑料制成品等财物，并造成原告王某辉、王某祥不同程度受伤；经调查，对起火原因认定如下：起火部位位于商铺东侧墙壁，排除防火、电器线路故障、小孩玩火、雷击、用火不慎引发火灾的可能，但不排除吸烟引发火灾的可能。原告受伤后被送往昆明医科大学第二附属医院进行治疗，花费的医疗费共计人民币

64927.09 元，造成三级伤残。王某辉向一审法院请求赔偿各项费用。

一审法院认为，本案争议的焦点之一是被告志涵公司是否存在过错，该过错与原告损害后果有无因果关系，原被告各应当承担多少比例的责任。

根据《中华人民共和国安全生产法》第三十九条第一款“生产、经营、储存、使用危险物品的车间、商店、仓库不得与员工宿舍在同一座建筑物内，并应当与员工宿舍保持安全距离”之规定，被告志涵公司一楼经营场所存放的印刷材料属易燃危险物品，公司员工宿舍依法不得与经营场所在同一座建筑物内。被告志涵公司违反国家禁止性规定，其经营场所发生火灾将在宿舍内的原告烧伤，被告志涵公司存在过错，该过错与原告的损害后果间存在因果关系。而被告所抗辩的起火原因是由原告及同住的案外人王某祥抽烟引起的，其所举证据是消防部门出具的《火灾事故认定书》，该《火灾事故认定书》认定，不排除吸烟引发火灾的可能。由此可见吸烟引发火灾仅为一种可能性，而不具有唯一性，故由被告志涵公司承担举证不能的不利后果，对被告这一抗辩主张不予支持，对原告要求被告承担赔偿责任的诉讼请求予以支持。原告作为公司员工也应该有安全意识，公司安排有安全隐患的住所由其居住，其拥有提出建议的权利和拒绝住宿的义务；依据《中华人民共和国侵权责任法》第十六条“侵害他人造成人身损害的，应当赔偿医疗费、护理费、交通费等为治疗和康复支出的合理费用，以及因误工减少的收入。造成残疾的，还应当赔偿残疾生活辅助具费和残疾赔偿金。造成死亡的，还应当赔偿丧葬费和死亡赔偿金”之规定，被告应承担侵权赔偿责任；依据《中华人民共和国侵权责任法》第二十六条“被侵权人对损害的发生也有过错的，可以减轻侵权人的责任”之规定，原告自身也有一定的过错，一审法院认为原告应承担20%的责任，被告志涵公司应承担80%的责任。

二审法院认可一审法院关于责任承担的意见。

● 相关规定

《危险化学品安全管理条例》第 19 条；《建设工程安全生产管理条例》第 29 条、第 30 条

第四十三条　【危险作业现场的安全管理】生产经营单位进行爆破、吊装、动火、临时用电以及国务院应急管理部门会同国务院有关部门规定的其他危险作业，应当安排专门人员进行现场安全管理，确保操作规程的遵守和安全措施的落实。

案例 15

昇茂公司与某区应急管理局行政处罚案（宁夏回族自治区银川市中级人民法院（2020）宁01行终287号）

原告昇茂公司系建筑设备销售公司，任某林为其法定代表人。原告职工刘某联系汽车起重机所有人关某吊装事宜，何某安派其雇用的司机杨某军、刘某录分别驾驶半挂货车至原告在掌政镇租用的货场拉运建筑施工机械设备，关某派其雇佣的司机孟某成在货场驾驶操作重型非载货专项作业汽车起重机负责吊装，原告职工刘某及雇工李某兵在现场指挥吊装。在吊装过程中，为了在该电梯标准节下方垫木板以支稳，在车上进行吊装操作的李某兵将该电梯标准节一端的钢丝绳解开，吊车司机孟某成从另一端起吊，导致该电梯标准节吊起后失去平衡，将位于车厢下方的货车司机杨某军砸伤，后因抢救无效死亡。

2019年9月3日，被告向原告作出并送达《行政处罚告知书》，后原告不服处罚决定，向法院提起本案行政诉讼，请求依法判令、撤销应被告所作行政处罚决定。

一审法院认为，《中华人民共和国安全生产法》第九条规定："国务院安全生产监督管理部门依照本法，对全国安全生产工作实施综合监督管理；县级以上地方各级人民政府安全生产监督管理部门依照本法，对本行政区域内安全生产工作实施综合监督管理。"第一百一十条规定："本法规定的行政处罚，由安全生产监督管理部门和其他负有安全生产监督管理职责的部门按照职责分工决定。"《生产安全事故报告和调查处理条例》第三十二条第二款规定："有关机关应当按照人民政府的批复，依照法律、行政法规规定的权限和程序，对事故发生单位和有关人员进行行政处罚，对负有事故责任的国家工作人员进行处分。"依据上述法律法规规定，被告某区应急管理局具有对本行政区域内安全生产工作实施综合监督管理，对安全生产事故进行调查并对涉案单位进行行政处罚的法定职权。本案的争议焦点之一是被诉行政处罚决定认定的责任主体是否正确。《中华人民共和国安全生产法》第二条规定："在中华人民共和国领域内从事生产经营活动的单位的安全生产，适用本法。"《生产安全事故报告和调查处理条例》（以下简称《条例》）第二条规定："生产经营活动中发生的造成人身伤亡或者直接经济损失的生产安全事故的报告和调查处理，适用本条例……"《国家安全监管总局关于生产安全事故调查处理中有关问题的规定》第二条规定："《条例》第二条所称生产经营活动，是指在工作时间和工作场所，为实现某种生产、建设或者经营目的而进行的活动，包括与工作有关的预备性或者收尾性活动。"从原告的经营范围来看，原告联络半挂车及招募作业人员进行建筑设备吊装工作属于为运输货物而进行的预备性工作，属于生产经营活动。《中华人民共和国安全生产法》第二十五条第一款规定："生产经营单位应当对从业人员进行安全生产教育和培训，保证从业人员具备必要的安全生产知识，熟悉有关的安全生产规章制度和安全操作规程，掌握本岗位的安全操作技能，了解事故应急处理措施，知悉自身在安全生产方面的权利和义务。未经安全生产教育和培训合格的从业人员，不得上岗作业。"第三十八条第一款规定："生产经营单位应当建立健全生产安全事故隐患排查治理制度，采取技术、管理措施，及时发现并消除事故隐患。事故隐患排查治理情况应当如实记录，并向从业人员通报。"第四十条规定："生产经营单位进行爆破、吊装以及国务院安全生产监督管理部门会同国务院有关部门规定的其他危险作业，应当安排专门人员进行现场安全管理，确保操作规程的遵守和安全措施的落实。"第四十一条规定："生产经营单位应当教育和督促从业人员严格执行本单位的安全生产规章制度和安全操作规程；并向从业人员如实告知作业场所和工作岗位存在的危险因素、防范措施以及事故应急措施。"本案中，昇茂公司未对员工刘某及雇工李某兵进行安全生产教育和培训，在进行建筑设备吊装的过程中，未督促作业人员采取安全措施，未对吊装现场进行安全监管，未对吊装过程中可能存在危险因素采取有效的防范措施，从而导致杨某军被砸伤致死事故的发生，违反了上述法律规定，故由此产生的事故责任应由原告承担。宣判后，昇茂公司不服，提起上诉。

二审法院认为，《中华人民共和国安全生产法》第二条、《条例》第二条、《国家安全监管总局关于生产安全事故调查处理中有关问题的规定》第二条的规定，上诉人昇茂公司联络半挂车及招募作业人员进行建筑设备吊装工作属于为运输货物而进行的预备性工作，属于生产经营活动。上诉人未对员工刘某及雇工李某兵进行安全生产教育和培训，在进行建筑设备吊装的过程中，未督促作业人员采取安全措施，未对吊装现场进行安全监管，未对吊装过程中可能存在危险因素采取有效的防范措施，从而导致杨某军被砸伤致死事故的发生，违反了《中华人民共和国安全生产法》第二十五条第一款、第三十八条第一款、第四十条、第四十一条的规定，故由此产生的事故责任应由上诉人承担。根据《生产安全事故报告和调查处理条例》第三条第四项的规定，涉案事故造成一人死亡，属于“一般事故”。被上诉人某区应急管理局针对上诉人作出的行政处罚决定认定事实清楚，适用法律正确，程序合法，处罚适当。

● ***相关规定***

《建设工程安全生产管理条例》第 17 条

第四十四条　【从业人员的安全管理】生产经营单位应当教育和督促从业人员严格执行本单位的安全生产规章制度和安全操作规程；并向从业人员如实告知作业场所和工作岗位存在的危险因素、防范措施以及事故应急措施。

生产经营单位应当关注从业人员的身体、心理状况和行为习惯，加强对从业人员的心理疏导、精神慰藉，严格落实岗位安全生产责任，防范从业人员行为异常导致事故发生。

条文注释

本次修改增加一款，强调对从业人员心理状况的关注，一旦发现异常，及时进行心理疏导，精神慰藉，体现了既关注从业人员外在身体健康，又关注从业人员内在精神状况，这是对“以人为本”“生命至上”的生动体现和具体践行措施。因为一旦从业人员心理状态出现异常，不仅容易使其难以胜任本职工作，同时容易发生安全生产事故，造成人员伤亡，本条规定既有利于保护该从业人员的生命，又可以避免因该异常引起的对其他从业人员生命健康权的损害甚至是剥夺。

第四十五条　【劳动防护用品】生产经营单位必须为从业人员提供符合国家标准或者行业标准的劳动防护用品，并监督、教育从业人员按照使用规则佩戴、使用。

条文注释

劳动房屋用品的分类多种多样，有按照防护部位而划分的，如面部防护、眼部防护；有按照使用的原材料而划分的，如皮革制品。根据我国安全生产监督管理总局发布的关于劳动防护用品的划分方式，具体分为一般劳动防护用品和特种劳动防护用品。

案例16

巩某波、某市人力资源和社会保障局劳动和社会保障行政管理纠纷案（山东省潍坊市中级人民法院（2020）鲁07行终386号）

原告巩某波系第三人浩信公司职工。2019年5月7日，原告在第三人处上班，于当日19时30分56秒下班，原告正常考勤打卡下班后搭乘同事便车回宿舍饮酒并吃完晚饭休息。次日，原告在公司职工宿舍休息没有上班，至2019年5月9日上午，原告被同事发现意识不清并被送往医院治疗，医院诊断为：创伤性硬膜外血肿（左枕顶），脑挫裂伤并脑内血肿（左额），创伤性蛛网膜下血肿，颅骨骨折（左枕、右颞），吸入性肺炎。该市公安局排除原告被他人殴打致伤的可能性。2019年7月22日，原告以2019年5月7日在第三人处工作整理铸件时不慎碰伤头部受伤为由向被告提出工伤认定申请，被告作出不予认定工伤决定书，原告不服，向法院提起行政诉讼。

原审法院认为，被告某市人力资源和社会保障局作为第三人单位所在统筹地区社会保险行政部门，具有受理原告的工伤认定申请并作出认定的法定职责。原告作为工伤认定申请人，对被告作出的不予认定工伤决定不服，可以向人民法院提起行政诉讼。第三人作为用人单位，与被诉行政行为有利害关系，可以作为第三人参加诉讼。《工伤保险条例》第十四条规定："职工有下列情形之一的，应当认定为工伤：（一）在工作时间和工作场所内，因工作原因受到事故伤害的……"原告系第三人的职工，其在法定期限内向被告提交工伤认定申请，主张其在第三人处工作时因工作原因受到事故伤害，并提交了证明与第三人存在劳动关系、受到伤害并就医等初步证据，其申请符合工伤认定受理条件。《工伤保险条例》第十九条第二款规定："职工或者其近亲属认为是工伤，用人单位不认为是工伤的，由用人单位承担举证责任。"第三人作为原告的用人单位，在原告工伤认定举证程序中提出异议，认为原告所受伤害不是工伤，所提供证据包括原告上班时同事未发现受伤的证人证言、原告下班时正常打卡考勤和下班打卡时的照片，结合原告所受伤害的严重程度，以及自其下班至被发现受伤时隔一天半之久的事实，能够排除原告在工作场所、工作时间因工作原因受到事故伤害的可能性。综上，被告所作不予认定工伤决定书认定事实清楚，法律依据正确，行政程序合法。依照《中华人民共和国行政诉讼法》第六十九条之规定，驳回原告的诉讼请求。

上诉人巩某波不服一审裁判，提出上诉称：(1) 一审法院支持被上诉人作出的不予认定工伤决定，缺乏事实和法律依据。一审法院的判决排除了上诉人在工作过程中受伤的可能性，显然是认定其是在下班途中或者在宿舍中受伤。证人证言基本上排除了上诉人在下班途中受伤的可能性，那么只有一种情况：上诉人在宿舍中受伤。但实际情况是宿舍中的危险因素相比工作场所要少很多，安全状况明显比工作场所好很多。同宿舍的工友并没有发现原告巩某波在宿舍中发生过磕碰情形。即使存在原告巩某波从宿舍床（该床上表面离地面不足30公分）上摔下或者其他意外情况的发生，且不说上述情况发生的概率极低，即便发生，造成原告巩某波头部严重伤害［创伤性硬膜外血肿（左枕顶），脑挫裂伤并脑内血肿（左额），创伤性蛛网膜下腔出血，颅骨骨折（左枕，右颞)］的可能性也微乎其微。另外，上诉人在去厕所途中或者在厕所内发生跌倒撞伤的可能性也极低，几乎可以忽略不计。(2) 原审第三人安全管理意识薄弱，未依法采取相应的安全管理措施是造成上诉人受伤的主要原因《中华人民共和国安全生产法》第二十五条规定，生产经营单位应当对从业人员进行安全生产教育和培训，保证从业人员具备必要的安全生产知识，熟悉有关的安全生产规章制度和安全操作规程，掌握本岗位的安全操作技能，了解事故应急处理措施，知悉自身在安全生产方面的权利和义务。未经安全生产教育和培训合格的从业人员，不得上岗作业。第四十二条规定，生产经营单位必须为从业人员提供符合国家标准或者行业标准的劳动防护用品，并监督、教育从业人员按照使用规则佩戴、使用。原审第三人安全管理意识薄弱，没有按照有关规定为车间内从事危险工作的包括上诉人巩某波在内的工人配备安全帽，也没有对上诉人在上岗前进行安全生产教育和培训。原审第三人车间地面经常被油液等液体污染，工人在清理搬运轮毂铸件（表面粗糙，硬度极高）时如果不小心脚踩在油液等液体上极易造成身体失衡。上诉人巩某波的主要工作是对轮毂铸件进行搬运清理，其在没有戴安全帽的情况下一旦身体失衡，头部十分容易碰到轮毂铸件上。因此，上诉人巩某波在接近下班点整理轮毂铸件时，因地面湿滑造成身体失去平衡，进而发生头部撞击轮毂铸件的可能性极高。上诉人巩某波的陈述更加符合实际，可信度极高，该种情况在没有有效证据予以排除的情况下，应当予以采信。综上，一审法院的判决认定事实错误，适用法律明显不当，从而作出了错误的判决。请求二审法院依法撤销（2020）鲁 0786 行初 6 号行政判决，依法改判或者将本案发回重审。

二审法院认为，双方形成的争议焦点是：上诉人是不是在工作时间、工作场所因工作原因受伤。本案中，上诉人作为工伤认定申请人，主张其在 2019 年 5 月 7 日接近下班点整理轮毂铸件时受伤。但用人单位提供证据证实其在 2019 年 5 月 7 日工作时间内正常打卡下班，未曾受伤。在此情况下，上诉人对其受伤的事实仅有其陈述而没有其他有效证据证实。综合案件情况，对上诉人作出不予认定工伤的决定书，事实清楚、程序合法，适用法律、法规正确。上诉人的上诉理由不能成立，法院不予采纳。综上，一审判决认定事实清楚，适用法律正确，审判程序合法，依法应予维持。上诉人的上诉请求不能成立，遂判决驳回上诉，维持原判。

相关案例索引

浙江某某建设有限公司与衢州市某某局等安全生产行政处罚纠纷上诉案［浙江省衢州市中级人民法院行政判决书（2012）浙衢行终字第3号］

本案要点

根据《中华人民共和国安全生产法》的规定，生产经营单位应当具备该法和有关法律、行政法规和国家标准或者行业标准规定的安全生产条件，不具备安全生产条件的不得从事生产经营活动；必须为从业人员提供符合国家标准或者行业标准的劳动防护用品，并监督、教育从业人员按照规则佩戴、使用。

第四十六条　【安全检查和报告义务】生产经营单位的安全生产管理人员应当根据本单位的生产经营特点，对安全生产状况进行经常性检查；对检查中发现的安全问题，应当立即处理；不能处理的，应当及时报告本单位有关负责人，有关负责人应当及时处理。检查及处理情况应当如实记录在案。

生产经营单位的安全生产管理人员在检查中发现重大事故隐患，依照前款规定向本单位有关负责人报告，有关负责人不及时处理的，安全生产管理人员可以向主管的负有安全生产监督管理职责的部门报告，接到报告的部门应当依法及时处理。

条文注释

根据本条第二款的规定，安全生产管理人员可以向主管的负有安全生产监督管理职责的部门报告，即重大事故隐患报告权。此外，这里所讲依法及时处理，依据的主要是《中华人民共和国安全生产法》以及其他有关法律、法规和规章。

第四十七条　【经费保障】生产经营单位应当安排用于配备劳动防护用品、进行安全生产培训的经费。

条文注释

本条规定的是生产经营单位安排相关经费的法定义务，不能将这些费用再转移到从业人员身上，要求从业人员缴纳培训或者购置劳动防护用品费的行为，都属于违反本条规定的行为。

第四十八条　【生产经营单位间的安全生产管理协议】两个以上生产经营单位在同一作业区域内进行生产经营活动，可能危及对方生产安全的，应当签订安全生产管理协议，明确各自的安全生产管理职责和应当采取的安全措施，并指定专职安全生产管理人员进行安全检查与协调。

第四十九条　【生产经营项目、场所、设备发包或出租的安全生产责任】生产经营单位不得将生产经营项目、场所、设备发包或者出租给不具备安全生产条件或者相应资质的单位或者个人。

生产经营项目、场所发包或者出租给其他单位的，生产经营单位应当与承包单位、承租单位签订专门的安全生产管理协议，或者在承包合同、租赁合同中约定各自的安全生产管理职责；生产经营单位对承包单位、承租单位的安全生产工作统一协调、管理，定期进行安全检查，发现安全问题的，应当及时督促整改。

矿山、金属冶炼建设项目和用于生产、储存、装卸危险物品的建设项目的施工单位应当加强对施工项目的安全管理，不得倒卖、出租、出借、挂靠或者以其他形式非法转让施工资质，不得将其承包的全部建设工程转包给第三人或者将其承包的全部建设工程支解以后以分包的名义分别转包给第三人，不得将工程分包给不具备相应资质条件的单位。

第五十条　【生产安全事故的处理】生产经营单位发生生产安全事故时，单位的主要负责人应当立即组织抢救，并不得在事故调查处理期间擅离职守。

条文注释

之所以规定主要负责人不能擅离职守，一方面是因为其对生产场所比较熟悉，可以帮助救援人员尽快探明事故原因，设计救援方案，引导事故救援；另一方面，主要负责人也是单位安全生产方面的第一责任人，特别是若属于重大责任事故，案涉人员可能构成重大责任事故罪、重大劳动安全事故罪及相关犯罪，追究其刑事责任。

● ***相关规定***

《生产安全事故报告和调查处理条例》第 9 ~ 10 条、第 14 ~ 15 条、第 35 条

第五十一条　【工伤保险】生产经营单位必须依法参加工伤保险，为从业人员缴纳保险费。

国家鼓励生产经营单位投保安全生产责任保险；属于国家规定的高危行业、领域的生产经营单位，应当投保安全生产责任保险。具体范围和实施办法由国务院应急管理部门会同国务院财政部门、国务院保险监督管理机构和相关行业主管部门制定。

条文注释

根据《中华人民共和国保险法》的规定，责任保险是指以被保险人对第三者依法应负的赔偿责任为保险标的的保险。安全生产责任保险是以生产经营过程中因发生意外事故，造成人身伤亡或财产损失，依法应由生产经营单位承担的经济赔偿责任为保险标的（是指作为保险对象的财产用其有关利益，或者是人的寿命和身体，它是保险利益的载体），保险公司按相关保险条款的约定对保险人以外的第三者进行赔偿的责任保险。

本条第二款对投保安全生产责任保险作出区分和硬性规定。即“鼓励”各类生产经营单位投保该险种。若属于高危行业、领域，则要求生产经营单位强制购买安全生产责任保险。同时明确了保险监督管理机构和行业主管部门参与具体实施办法的制定，行业主管部门的参与，较好地体现出本法第一条强调的“管行业必须管安全”。

● ***相关规定***

《社会保险法》第33～34条；《工伤保险条例》；《工伤认定办法》；《国家安全生产监督管理总局关于在高危行业推进安全生产责任保险的指导意见》

第三章　从业人员的安全生产权利义务

第五十二条　【劳动合同的安全条款】生产经营单位与从业人员订立的劳动合同，应当载明有关保障从业人员劳动安全、防止职业危害的事项，以及依法为从业人员办理工伤保险的事项。

生产经营单位不得以任何形式与从业人员订立协议，免除或者减轻其对从业人员因生产安全事故伤亡依法应承担的责任。

条文注释

根据《中华人民共和国劳动合同法》第四条第二款的规定，用人单位在制定、修改或者决定有关劳动报酬、工作时间、休息休假、劳动安全卫生、保险福利、职工培训、劳动纪律以及劳动定额管理等直接涉及劳动者切身利益的规章制度或者重大事项时，应当经职工代表大会或者全体职工讨论，提出方案和意见，与工会或者职工代表平等协商确定。

案例17

蜀风园林公司与某区应急管理局、某区管理委员会行政纠纷案［重庆市第一中级人民法院（2020）渝01行终405号］

2017年11月15日，作为甲方的蜀风园林公司与作为乙方的谭某源签订《大树栽植劳务分包协议》，该协议中第一项载明劳务概况为：乙方进场前，甲方负责对其进行《施工现场安全、环保、消防、消防注意事项》的教育培训；甲方对乙方所使用的劳务工不承担使用、管理及安全培训义务，发生安全责任事故乙方负全责。

2018 年 3 月 11 日，蜀风园林公司与赵某签订《景观工程合同书》，蜀风园林公司承包位于重庆市渝北区的一处房屋室内外景观装饰工程。蜀风园林公司又将该房屋室内景观装饰工程中大树栽植劳务交由谭某源，2019 年 4 月 24 日，谭某源聘用蔡某玖等人实施前述工程中栽植树木劳务工作，当日 16 时许，蔡某玖从木制人字梯爬上景观墙时因重心不稳，从景观墙上坠落至墙体下方水池，坠落高度 3.3 米。经抢救无效于 2019 年 4 月 25 日死亡。

2019 年 4 月 26 日，形成《事故调查报告》，该事故调查报告中载明了本次事故性质是因工人违章冒险作业、安全防护不到位，安全教育培训和安全技术交底不到位、现场不具备安全生产条件导致的一般生产安全责任事故。该事故报告中还载明谭某源是景观工程劳务承包人，安全生产主要责任人，在大树栽植施工中，未对工人进行安全技术交底，未告知作业人员作业岗位存在的危险因素及应急措施，未督促高处作业人员佩戴安全帽、系安全带，导致事故发生，其行为违反了《中华人民共和国安全生产法》第十七条、第四十一条的规定，对该事故负有责任，建议对谭某源处以 3 万元罚款的行政处罚；蜀风园林公司作为景观工程施工单位，未按照劳务分包协议搭设操作平台，导致事故发生，其行为违反了《中华人民共和国安全生产法》第十七条之规定，对事故负有责任，根据《中华人民共和国安全生产法》第一百零九条第一项、《安全生产违法行为行政处罚办法》第五十六条第二款的规定，建议给予蜀风园林公司 22 万元罚款的行政处罚。

2019 年 8 月 27 日，某区应管局作出行政处罚决定，决定给予蜀风园林公司罚款 22 万元的行政处罚。蜀风园林公司收到行政处罚决定后不服，向某区管委会申请行政复议，蜀风园林公司收到《行政复议决定书》后仍不服，提起行政诉讼。

原某区安全生产监督管理局因机构改革，其名称不再保留，相应职责由某区应管局承担。

一审法院经审理认为，根据《中华人民共和国安全生产法》第九条第二款规定，某区应管局作为安全生产监督管理部门，具有作出被诉行政处罚决定的职权。

《生产安全事故报告和调查处理条例》第十九条第二款规定，重大事故、较大事故、一般事故分别由事故发生地省级人民政府、设区的市级人民政府、县级人民政府负责调查。省级人民政府、设区的市级人民政府、县级人民政府可以直接组织事故调查组进行调查，也可以授权或者委托有关部门组织事故调查组进行调查。本次事故发生后，某区安全生产监督管理局根据某区管委会授权，牵头组成事故调查组，形成了《高处坠落死亡事故调查报告》并报请某区管委会批复同意。该事故调查报告已确定该起高处坠落死亡事故为生产安全责任事故，在该事故调查报告中已明确在此次事故责任中对蜀风园林公司的责任认定和处理意见。《生产安全事故报告和调查处理条例》第三十二条第二款规定，有关机关应当按照人民政府的批复，依照法律、行政法规规定的权限和程序，对事故发生单位和有关人员进行行政处罚，对负有事故责任的国家工作人员进行处分。本次对蜀风园林公司的行政处罚是生产安全事故调查完毕后对事故单位的法律责任追究。某区应管局为此于2019年8月27日作出的（渝两江）安监罚〔2019〕16－3号《行政处罚决定书(单位)》，认定蜀风园林公司违反《中华人民共和国安全生产法》第十七条规定，依据《中华人民共和国安全生产法》第一百零九条第一项的规定，决定处以罚款人民币22万元，该行政处罚决定书认定事实清楚，适用法律正确，因此，蜀风园林公司诉称某区应管局认定事实不清，适用法律错误，一审法院依法不予采纳。

上诉人蜀风园林公司不服一审判决，提起上诉。

二审法院认为，本案的争议焦点是：某区应管局对蜀风园林公司作出的行政罚款22万元是否合法。(1) 关于某区应管局将蜀风园林公司作为涉案安全事故的生产经营单位进行处罚是否合法的问题。法院认为，蜀风园林公司是依法取得营业执照的有限责任公司，其经营范围是城市园林绿化工程设计和施工。其将承包的蓝湖郡1～2的室内外景观装饰工程中的私家花园大树栽植分包给自然人谭某源。谭某源接受公司的管理和安全监督。根据《中华人民共和国安全生产法》第四十九条的规定，生产经营单位不得以任何形式与从业人员订立协议，免除或减轻其对从业人员因生产安全事故伤亡依法应承担的责任。也就是生产经营单位不得将安全责任转嫁给没有用工主体资格的自然人。故蜀风园林公司应对其承包的园林工程中的安全事故承担责任，某区应管局将蜀风园林公司作为涉案安全事故的生产经营单位进行处罚并无不当。(2) 关于某区应管局对蜀风园林公司罚款22万元的处罚幅度是否适当的问题。法院认为，根据《中华人民共和国安全生产法》第一百零九条的规定，对负有责任的生产经营单位，由安全生产监管部门处以罚款，“发生一般事故的，处二十万元以上五十万元以下的罚款”，虽然《安全生产违法行为行政处罚办法》第五十六条规定，生产经营单位有下列情形的，应当依法从轻或者减轻处罚：主动消除或者减轻安全生产违法行为危害后果的，但上诉人蜀风园林公司并未举示消除或者减轻安全生产违法行为危害后果的相关证据，而被上诉人某区应管局在作出处罚时已考虑企业经营发展的难处和涉案安全事故的危害后果，在20万元至50万元的幅度内作出罚款22万元的从轻处罚，属行政机关自由裁量权，已体现责罚相当，对此，法院予以支持。综上，一审法院认定事实清楚，适用法律正确，审判程序合法。

● ***相关规定***

《劳动法》第19条；《劳动合同法》第17条、第26~28条

第五十三条　【知情权和建议权】生产经营单位的从业人员有权了解其作业场所和工作岗位存在的危险因素、防范措施及事故应急措施，有权对本单位的安全生产工作提出建议。

条文注释

《中华人民共和国劳动合同法》规定，用人单位应当将工作内容、工作条件、工作地点、职业危害、安全生产状况、劳动报酬，以及劳动

者要求了解的其他情况如实告知。《中华人民共和国职业病防治法》规定，劳动者享有了解工作场所产生或者可能产生的职业病危害因素、危害后果和应当采取的职业病防护措施的权利。以上为从业人员的有关知情权。此外，本条还规定了从业人员对本单位的安全生产工作享有建议权。

● *相关规定*

《劳动合同法》第 4 条、第 8 条；《职业病防治法》第 34 条

第五十四条　【批评、检举、控告权】 从业人员有权对本单位安全生产工作中存在的问题提出批评、检举、控告；有权拒绝违章指挥和强令冒险作业。

生产经营单位不得因从业人员对本单位安全生产工作提出批评、检举、控告或者拒绝违章指挥、强令冒险作业而降低其工资、福利等待遇或者解除与其订立的劳动合同。

● *相关规定*

《劳动法》第 56 条；《劳动合同法》第 32 条、第 38 条、第 88 条

第五十五条　【紧急情况处置权】 从业人员发现直接危及人身安全的紧急情况时，有权停止作业或者在采取可能的应急措施后撤离作业场所。

生产经营单位不得因从业人员在前款紧急情况下停止作业或者采取紧急撤离措施而降低其工资、福利等待遇或者解除与其订立的劳动合同。

条文注释

这里所称紧急情况处置权主要有两层含义：一是停止作业，马上撤离作业场所；二是在采取可能的应急措施后，再撤离作业场所。这里还需要注意的是，这是劳动者的权利，不要求必须在采取应急措施后或者事先报管理人员同意后再行撤离。

● ***相关规定***

《煤炭法》第36条；《矿山安全法实施条例》第44条；《建设工程安全生产管理条例》第32条

> **第五十六条 【获得赔偿权】**生产经营单位发生生产安全事故后，应当及时采取措施救治有关人员。
>
> 因生产安全事故受到损害的从业人员，除依法享有工伤保险外，依照有关民事法律尚有获得赔偿的权利的，有权提出赔偿要求。

案例18

杨某祥诉蒂森北京分公司劳动争议案［北京市第三中级人民法院（2018）京03民终2903号］

2003年2月10日，杨某祥入职蒂森北京分公司，双方签订了劳动合同。蒂森北京分公司为杨某祥缴纳了医疗及工伤保险，并购买一款商业医疗保险。2007年7月13日，杨某祥因工受伤。蒂森北京分公司未在30日内为杨某祥申请工伤认定。2009年11月27日，经朝阳区劳动能力鉴定委员会鉴定，杨某祥已达工伤职工工伤与职业病致残等级标准一级，护理依赖程度为完全护理依赖。2009年12月23日，朝阳社保中心对杨某祥核准工伤待遇，伤残津贴及护理费给付起始日期为2009年12月，一次性伤残补助金为109620元。朝阳社保中心通过蒂森北京分公司支付了上述伤残补助金。

2009年12月至2013年4月，朝阳社保中心通过蒂森北京分公司按月支付杨某祥伤残津贴、生活护理费等。2010年8月至2013年4月，杨某祥每月领取工伤辅助器具费。2013年5月开始，朝阳社保中心直接向杨某祥支付伤残津贴、生活护理费、工伤辅助器具费。杨某祥的各项工伤保险待遇随国家相关标准变化而调整。商业保险及社会保险报销了杨某祥2007年7月13日至2015年12月31日期间部分医疗费用、2010年1月1日至2016年4月25日期间的护理费用187391.48元。双方劳动关系至今未解除或终止，蒂森北京分公司仍代扣代缴杨某祥个人应缴纳的养老保险、医疗保险、住房公积金。原告因此要求蒂森北京分公司支付2010年1月1日至2016年4月25日社会保险未予报销的护理费453408.52元。蒂森北京分公司主张社会保险已经支付了医疗费、护理费，不应再予支付。杨某祥申请仲裁，后裁决驳回杨某祥的全部仲裁请求。杨某祥不服，诉至法院。

法院生效判决认为，本案的争议焦点主要是就杨某祥因工伤花费的医疗费用、护理费用，工伤保险基金不予支付的部分，是否应当由用人单位蒂森北京分公司负担。

第一，从立法目的来看，依据《工伤保险条例》第一条规定，工伤保险系为保障因工作遭受事故伤害或者患职业病的职工获得医疗救治和经济补偿，促进工伤预防和职业康复，分散用人单位的工伤风险。根据前述立法目的，《工伤保险条例》是有关权利保障的行政法规，在行政法规本身规定不明确的条件下，应尽可能朝着有利于劳动者利益的角度进行理解，且《工伤保险条例》强调的是“分散”用人单位承担的风险，并非“替代”风险。在适用工伤保险赔偿的场合，《工伤保险条例》并没有规定用人单位对工伤保险基金不予支付的部分免除赔偿责任。

第二，从请求权的角度来看，民法和劳动法各自从人身损害和社会保险的角度对工伤事故加以规范，不可避免地使工伤事故具有民事侵权赔偿和社会保险赔偿双重性质。依据《最高人民法院关于审理人身损害赔偿案件适用法律若干问题的解释》第十一条第一款之规定，雇主对雇员在从事雇佣活动中遭受人身损害的，应当承担无过错责任，依据第三款规定，符合工伤保险范围的不适用雇主责任，但该条款并未对雇员在工伤保险范围外的损失排除由雇主承担。第十二条规定，依法应当参加工伤保险统筹的用人单位的劳动者，因工伤事故遭受人身损害，劳动者或者其近亲属向人民法院起诉请求用人单位承担民事赔偿责任的，告知其按《工伤保险条例》的规定处理。该条款也没有排除劳动者就工伤保险基金以外的费用向用人单位主张赔偿的权利。

第三，从现行法律规定来看，《中华人民共和国职业病防治法》第五十八条规定，职业病病人除依法享有工伤保险外，依照有关民事法律，尚有获得赔偿的权利的，有权向用人单位提出赔偿要求。《中华人民共和国安全生产法》第五十三条规定，因生产安全事故受到损害的从业人员，除依法享有工伤保险外，依照有关民事法律尚有获得赔偿的权利的，有权向本单位提出赔偿要求。从上述规定可以看出，在适用工伤保险赔偿之外，存在劳动者向用人单位主张民事侵权赔偿的情形。

第四，对于工伤保险基金不予支付的部分，由用人单位实际负担更符合法律规定的内在逻辑与规范精神。《最高人民法院关于审理人身损害赔偿案件适用法律若干问题的解释》第十一条规定了雇主无过错赔偿责任。而对于劳动者的保护，若以工伤保险基金完全排除用人单位的人身损害赔偿责任，则会导致工伤保险基金不予支付的部分只能由劳动者自行负担，既违反法律体系的内部逻辑，也会对受害人或者遗属有所不公。由用人单位实际负担工伤保险基金不予支付的部分，既分散了用人单位风险，减轻了用人单位负担，又避免受害人获得双份利益，保证受害人得到完全赔偿。

综上，依据立法精神、相关法律、司法解释等综合考量，应确认由蒂森北京分公司负担工伤保险基金报销范围外的医疗费、护理费。

相关案例索引

杨某伟诉宝二十冶公司人身损害赔偿纠纷案（《中华人民共和国最高人民法院公报》2006 年第 8 期）

本案要点

因被告公司的职工违规作业，将在现场作业的原告砸伤，原告起诉要求被告承担赔偿责任。被告认为原告已经获得其所在公司的工伤赔偿，要求被告赔偿无据。一审法院认为原告虽获工伤赔偿，仍可要求致害的第三人即被告承担侵权赔偿责任。二审法院维持一审判决。

● *相关规定*

《社会保险法》第 4 章；《职业病防治法》第 58 条、第 59 条；《民法典》侵权责任编第 2 章

第五十七条　【服从安全管理的义务】从业人员在作业过程中，应当严格落实岗位安全责任，遵守本单位的安全生产规章制度和操作规程，服从管理，正确佩戴和使用劳动防护用品。

第五十八条　【接受教育和培训的义务】从业人员应当接受安全生产教育和培训，掌握本职工作所需的安全生产知识，提高安全生产技能，增强事故预防和应急处理能力。

第五十九条　【事故隐患或者不安全因素的报告义务】从业人员发现事故隐患或者其他不安全因素，应当立即向现场安全生产管理人员或者本单位负责人报告；接到报告的人员应当及时予以处理。

条文注释

本条规定的是两个相互的义务。一是在发现事故隐患或者其他不安全因素后，应当立即报告的义务，这也是考虑到安全生产事故的突发性，承担该义务的主体是从业人员。二是对事故隐患或者其他不安全因素及时作出处理的义务，承担该义务的主体是现场安全生产管理人员或者本单位的负责人。

第六十条　【工会对安全生产工作的职责】工会有权对建设项目的安全设施与主体工程同时设计、同时施工、同时投入生产和使用进行监督，提出意见。

工会对生产经营单位违反安全生产法律、法规，侵犯从业人员合法权益的行为，有权要求纠正；发现生产经营单位违章指挥、强令冒险作业或者发现事故隐患时，有权提出解决的建议，生产经营单位应当及时研究答复；发现危及从业人员生命安全的情况时，有权向生产经营单位建议组织从业人员撤离危险场所，生产经营单位必须立即作出处理。

工会有权依法参加事故调查，向有关部门提出处理意见，并要求追究有关人员的责任。

条文注释

本条为工会赋予三个方面的权利。一是对本单位建设项目的安全设施提出意见的权利（见工会法第二十三条），对安全生产工作提出建议的权利；二是对违法行为予以纠正的权利（见工会法第六条、第二十五条）；三是参加安全生产事故调查处理的权利（见工会法第二十六条）。

● ***相关规定***

《工会法》第6条、第23条、第25～26条

第六十一条　【劳务派遣的用工形式】生产经营单位使用被派遣劳动者的，被派遣劳动者享有本法规定的从业人员的权利，并应当履行本法规定的从业人员的义务。

案例19

韩某英与有色金属公司生命权、健康权、身体权纠纷案［安徽省铜陵市中级人民法院（2015）铜中民一终字第00276号］

2011年12月18日17时23分，有色金属公司下属企业安庆铜矿选矿车间精矿工段发生一起硝酸泄漏致两名职工中毒事故，韩某英系其中一名职工。事故发生后，韩某英即被送往安庆市立医院进行观察治疗，确诊为“急性硝酸中毒、急性肺水肿”，某市安全生产监督管理局对该起事故作出认定：“2011年12月18日安庆铜矿的硝酸泄漏事故是一起自我防护意识不强，设备维护不良，安全管理不到位而导致的安全生产责任事故。”2012年7月25日，某市人力资源和社会保障局对韩某英受到的伤害作出认定，认定为工伤，劳动能力障碍鉴定为二级伤残、生活

自理障碍鉴定为不能自理。2012 年 8 月 7 日，韩某英与同创公司达成协议书，约定同创公司每月支付韩某英护理费 3000 元、工资按上班时予以补齐，并配合韩某英治疗。2014 年 9 月 28 日，韩某英与同创公司达成《补偿协议书》，约定："同创公司一次性支付韩某英人民币 20 万元补偿款，韩某英在收到补偿款后，双方因工伤的赔偿事宜全部终结。"韩某英为维护合法权益向法院提起诉讼，请求法院判决有色金属公司支付韩某英伤残赔偿金等共计人民币 35 万元。

一审法院认为，有色金属公司下属企业安庆铜矿与韩某英并不存在劳动关系，即安庆铜矿不是用人单位，而是用工主体。《最高人民法院关于审理人身损害赔偿案件适用法律若干问题的解释》第十二条第二款规定："因用人单位以外的第三人侵权造成劳动者人身损害，赔偿权利人请求第三人承担民事赔偿责任的，人民法院应予支持。"韩某英在用工主体的责任事故中受伤，在获得工伤保险赔偿后，现请求用工主体承担相应的侵权责任，其主张符合相关法律规定。对韩某英主张的损害赔偿金中关于残疾赔偿金与护理费，因其在工伤保险赔偿中已获得赔付，故对韩某英的这部分请求不予支持。韩某英在有色金属公司的责任事故中受到人身损害，经鉴定为二级伤残，现要求有色金属公司赔偿精神抚慰金 30000 元，其主张于法有据，赔偿数额符合规定范围。依法予以支持。关于本案的诉讼时效，因韩某英受伤后一直在与同创公司协商处理相关事宜，直到起诉前并未停止主张自己的权利，故对有色金属公司抗辩韩某英起诉已超过诉讼时效依法不予采纳。依据《最高人民法院关于审理人身损害赔偿案件适用法律若干问题的解释》第十二条第二款，《中华人民共和国侵权责任法》第三条、第六条、第二十二条，《中华人民共和国民法通则》第一百四十条之规定，判决：被告有色金属公司在本判决书生效后十日内给付原告韩某英精神损害抚慰金人民币 3 万元整。

二审法院认为，劳动者的合法权益应当依法保护。劳动合同关系和劳务派遣关系都是劳动法律关系，都受劳动合同法的调整，劳动合同关系是基本的用工形式，劳务派遣关系是补充用工形式。2007 年 6 月 29 日颁布的《中华人民共和国劳动合同法》第五十八条明确规定："劳务派遣单位是本法所称用人单位"，而 2003 年 12 月 4 日颁布的《最高人民法院关于审理人身损害赔偿案件适用法律若干问题的解释》第十二条第二款中的"用人单位"包括了后来劳动合同关系中的用人单位和劳务派遣关系中的用工单位。故本案中，有色金属公司不是《最高人民法院关于审理人身损害赔偿案件适用法律若干问题的解释》第十二条中的"用人单位以外的第三人"。《中华人民共和国安全生产法》第五十三条规定："因生产安全事故受到损害的从业人员，除依法享有工伤保险外，依照有关民事法律尚有获得赔偿的权利的，有权向本单位提出赔偿要求。"《中华人民共和国安全生产法》第二条规定："在中华人民共和国领域内从事生产经营活动的单位（以下统称生产经营单位）的安全生产，适用本法……"《中华人民共和国安全生产法》第五十八条规定："生产经营单位使用被派遣劳动者的，被派遣劳动者享有本法规定的从业人员的权利，并应当履行本法规定的从业人员的义务。"故有色金属公司作为生产经营单位对被派遣的劳动者韩某英有侵权赔偿责任。对韩某英主张的损害赔偿金中关于残疾赔偿金与护理费，因其在工伤保险赔偿中已获得赔付，故一审法院不予支持韩某英的这部分请求并无不当。韩某英在有色金属公司的安全责任事故中受到人身损害，经鉴定为二级伤残，现要求有色金属公司赔偿精神抚慰金30000元，其主张于法有据，赔偿数额符合规定范围，一审法院对韩某英的该项主张予以支持符合法律规定。关于本案的诉讼时效，因韩某英受伤后一直在协商处理相关事宜，直到起诉前并未停止主张自己的权利，故一审法院不予采纳有色金属公司关于韩某英起诉已超过诉讼时效的抗辩理由并无不当。据此，依照《中华人民共和国安全生产法》第二条、第五十三条、第五十八条，《中华人民共和国民事诉讼法》第一百七十条第一款第一项之规定，判决驳回上诉，维持原判。

相关案例索引

上海珂帝纸品包装有限责任公司不服上海市人力资源和社会保障局责令补缴外来从业人员综合保险费案（《中华人民共和国最高人民法院公报》2013年第11期）

本案要点

从事劳务派遣业务的单位应当依法登记设立。用人单位与未经工商注册登记、不具备劳务派遣经营资质的公司签订用工协议，与派遣人员形成事实劳动关系，应由用人单位依法为其缴纳综合保险费；用人单位与不具备缴费资格的主体的协议约定，不能免除其法定缴费义务。

● ***相关规定***

《劳动合同法》第62~64条；《劳动合同法实施条例》第29条

第四章　安全生产的监督管理

第六十二条　【政府及安全生产监督管理部门的职责】 县级以上地方各级人民政府应当根据本行政区域内的安全生产状况，组织有关部门按照职责分工，对本行政区域内容易发生重大生产安全事故的生产经营单位进行严格检查。

应急管理部门应当按照分类分级监督管理的要求，制定安全生产年度监督检查计划，并按照年度监督检查计划进行监督检查，发现事故隐患，应当及时处理。

● ***相关规定***

《安全生产非法违法行为查处办法》；《安全生产监管监察职责和行政执法责任追究的规定》

第六十三条　【安全生产事项的审批】 负有安全生产监督管理职责的部门依照有关法律、法规的规定，对涉及安全生产的事项需要审查批准（包括批准、核准、许可、注册、认证、颁发证照等，下同）或者验收的，必须严格依照有关法律、法规和国家标准或者行业标准规定的安全生产条件和程序进行审查；不符合有关法律、法规和国家标准或者行业标准规定的安全生产条件的，不得批准或者验收通过。对未依法取得批准或者验收合格的单位擅自从事有关活动的，负责行政审批的部门发现或者接到举报后应当立即予以取缔，并依法予以处理。对已经依法取得批准的单位，负责行政审批的部门发现其不再具备安全生产条件的，应当撤销原批准。

● ***相关规定***

《安全生产许可证条例》第2条；《煤炭法》第22条

第六十四条　【政府监管的限制】负有安全生产监督管理职责的部门对涉及安全生产的事项进行审查、验收，不得收取费用；不得要求接受审查、验收的单位购买其指定品牌或者指定生产、销售单位的安全设备、器材或者其他产品。

条文注释

这里需要注意，“品牌”是指负有安全生产监督管理职责的部门指定的某一个或者某一些特定品牌。“指定”还包括“变相指定”等相关行为，如对自行选择的产品不给予审查、阻碍审查等。

● ***相关规定***

《建筑法》第82条；《消防法》第56条

第六十五条　【监督检查的职权范围】应急管理部门和其他负有安全生产监督管理职责的部门依法开展安全生产行政执法工作，对生产经营单位执行有关安全生产的法律、法规和国家标准或者行业标准的情况进行监督检查，行使以下职权：

（一）进入生产经营单位进行检查，调阅有关资料，向有关单位和人员了解情况；

（二）对检查中发现的安全生产违法行为，当场予以纠正或者要求限期改正；对依法应当给予行政处罚的行为，依照本法和其他有关法律、行政法规的规定作出行政处罚决定；

（三）对检查中发现的事故隐患，应当责令立即排除；重大事故隐患排除前或者排除过程中无法保证安全的，应当责令从危险区域内撤出作业人员，责令暂时停产停业或者停止使用相关设施、设备；重大事故隐患排除后，经审查同意，方可恢复生产经营和使用；

（四）对有根据认为不符合保障安全生产的国家标准或者行业标准的设施、设备、器材以及违法生产、储存、使用、经营、运输的危险物品予以查封或者扣押，对违法生产、储存、使用、经营危险物品的作业场所予以查封，并依法作出处理决定。

监督检查不得影响被检查单位的正常生产经营活动。

条文注释

本条赋予安全生产监督管理部门和其他负有安全生产监督管理职责的部门监督检查权。概括来说，即（1）现场调查取证权。（2）现场处理权。（3）采取查封或扣押行政强制措施权。需要注意的是，履行监督检查职责时，不得影响生产经营单位的正常生产经营活动。

案例 20

顺翔公司与某省应急管理厅、某市应急管理局其他行政管理案［广州铁路运输中级法院（2020）粤71行终441号］

原告成立于2000年3月23日，持有《危险化学品经营许可证》经营方式为带有储存设施经营。2019年1月11日，被告某市应急局执法人员在原告处进行现场检查，指出原料存储、设备维护、与门口工业大道间距等八个方面存在安全问题，如生产原料及产品为甲B、乙A类别储罐不符合设计规范条件，储罐区、装卸车台部分压力表与仪表表面锈蚀，过期未年检，储罐区所属泵区未设人体静电释放装置、企业门口工业大道与装卸车台、桶装间距离62米，不符合《公路安全保护条例》第十八条规定等，此后被告某市应急局向原告先后发出《责令限期整改指令书》《整改复查意见书》要求原告整改，因原告逾期未按要求整改，被告某市应急管理局依法对原告不具备安全生产条件问题给予停产停业整顿五天的行政处罚。原告不服，诉至原审法院。

另查明，2019 年 1 月开始，中共某市委、某市人民政府根据中央、省机构改革要求进行机构改革，将某市安全生产监督管理局等单位的职责整合组建被告某市应急局，不再保留某市安全生产监督管理局。

原审法院认为，《中华人民共和国安全生产法》第九条第一款规定："国务院安全生产监督管理部门依照本法，对全国安全生产工作实施综合监督管理；县级以上地方各级人民政府安全生产监督管理部门依照本法，对本行政区域内安全生产工作实施综合监督管理。"第六十二条规定："安全生产监督管理部门和其他负有安全生产监督管理职责的部门依法开展安全生产行政执法工作，对生产经营单位执行有关安全生产的法律、法规和国家标准或者行业标准的情况进行监督检查，行使以下职权：(一) 进入生产经营单位进行检查，调阅有关资料，向有关单位和人员了解情况；(二) 对检查中发现的安全生产违法行为，当场予以纠正或者要求限期改正；对依法应当给予行政处罚的行为，依照本法和其他有关法律、行政法规的规定作出行政处罚决定……"本案中，原告是位于某市范围内的危险化学品经营企业，被告某市应急局作为某市安全生产监督管理部门，依法有权对原告安全生产经营实施综合监督管理，对检查中发现的安全生产违法行为有权当场予以纠正或者要求限期改正，对依法应当给予行政处罚的行为有权依法作出行政处罚决定。

《危险化学品经营许可证管理办法》第六条第一款规定："从事危险化学品经营的单位 (以下统称申请人) 应当依法登记注册为企业，并具备下列基本条件：(一) 经营和储存场所、设施、建筑物符合《建筑设计防火规范》(GB50016)、《石油化工企业设计防火规范》(GB50160)、《汽车加油加气站设计与施工规范》(GB50156)、《石油库设计规范》(GB50074) 等相关国家标准、行业标准的规定……(五) 法律、法规和国家标准或者行业标准规定的其他安全生产条件。"第三十二条规定："已经取得经营许可证的企业不再具备法律、法规和本办法规定的安全生产条件的，责令改正；逾期不改正的，责令停产停业整顿；经停产停业整顿仍不具备法律、法规、规章、国家标准和行业标准规定的安全生产条件的，吊销其经营许可证。”《安全生产违法行为行政处罚办法》第三十二条规定：“行政处罚案件应当自立案之日起30日内作出行政处罚决定；由于客观原因不能完成的，经安全监管监察部门负责人同意，可以延长，但不得超过90日；特殊情况需进一步延长的，应当经上一级安全监管监察部门批准，可延长至180日。”本案中，被告某市应急局经过调查发现原告存在违反《石油库设计规范》等八项安全生产问题，经责令限期整改后，仍有七项安全生产问题未改正；被告某市应急局查明事实后，经集体讨论，制作行政处罚事先告知及听证文书，依原告申请召开听证会，充分保障了原告行使陈述申辩、听证的权利；由于举行听证会无法在30日内作出行政处罚决定，依法将办理期限延长至90日；听证后，依法作出《行政处罚决定书》，给予原告责令停产停业整顿五天的行政处罚。因此，被告某市应急局所作被诉处罚认定事实清楚，适用法律法规正确，程序合法。原告认为被告未考虑其生产经营实际情况、未给予充分的整改时间即作出行政处罚，属于适用法律错误、明显不当的主张，缺乏事实和法律依据，原审法院不予支持。

上诉人顺翔公司不服原审判决，提起上诉。

二审法院认为，本案争议焦点为上诉人因国家重点工程建设征地导致现有厂区安全生产条件发生变化，在上诉人已自行采取停产停业措施的情形下，被上诉人某市应急局作出停产停业的行政处罚决定是否具有合法性和必要性。

根据《中华人民共和国行政处罚法》第一条、第三条第一款之规定，行政处罚是行政主体依法对违反行政管理秩序的行为人给予的一种行政制裁，其目的在于维护公共利益和社会秩序，保护公民、法人或者其他组织的合法权益。第四条第二款规定，设定和实施行政处罚必须以事实为依据，与违法行为的事实、性质、情节以及社会危害程度相当。据此，行政机关在对相对人设定和实施行政处罚时，既要合法，同时也要考虑处罚的合理性和必要性。责令停产停业作为行政处罚的一个种类，是行政机关在法律授权的范围内，针对经营者存在严重的违法问题或安全隐患，责令其停止生产经营活动，通过暂时剥夺其生产、经营权利，以督促经营者彻底消除安全隐患，或认真完成教育整顿，当经营者在规定期限内纠正了违法行为，就可以恢复生产和经营。如果经营者针对自身实际情况，从确保安全生产出发，主动配合政府自行停止生产经营活动且不打算恢复生产的，行政机关经核实审查后，无须再对经营者作出责令停产停业的行政处罚，而应选择对经营者损害最小的其他行政措施，及时消除安全隐患，确保安全生产。本案上诉人自2003年起从事危化品生产经营，各类证照齐全，多年来未曾发生安全事故。2017年广中江高速公路中山南头镇段建设项目横跨上诉人厂区，与最近的生产场所少于200米的安全距离，违反《公路安全保护条例》第十八条第二项“禁止在公路渡口和中型以上公路桥梁周围200米范围内设立生产、储存、销售易燃、易爆、剧毒、放射性等危险物品的场所、设施”的规定。因国家重点工程项目建设施工，上诉人原生产场所已不具备安全生产条件，上诉人自2017年7月起自行采取逐步停产停业措施，清除残留化工品，在力所能及的范围内做好风险的防控和整治工作，消除危化品的安全隐患，其行为具有正当性。在此种情况下，被上诉人某市应急局作出被诉处罚决定，责令上诉人停产停业进行整改没有违法事实基础，不具有合理性和必要性，根据前述法律规定应予撤销，被上诉人省应急厅作出维持被诉处罚决定的被诉复议决定错误，亦应一并予以撤销。原审判决适用法律错误，处理不当，法院依法予以纠正。上诉人的理由成立，法院予以采信。

综上，撤销一审法院行政判决；撤销某市应急管理局作出的《行政处罚决定书》、撤销某省应急管理厅作出的《行政复议决定书》。

第六十六条　【监督检查的配合】生产经营单位对负有安全生产监督管理职责的部门的监督检查人员（以下统称安全生产监督检查人员）依法履行监督检查职责，应当予以配合，不得拒绝、阻挠。

条文注释

本条是关于生产经营单位必须配合安全生产监督检查人员履行监督

检查职责的规定。另外，安全生产监督检查人员在监督检查时需要注意，根据行政处罚法的规定，行政机关在调查或者进行检查时，执法人员不得少于两人，并应当向当事人或者有关人员出示证件。当事人或者有关人员应当如实回答询问，并协助调查或者检查，不得阻挠。询问或者检查应当制作笔录。这里需要注意，2021 年 7 月 15 日起，新修订的行政处罚法实施生效，应结合具体规定作出行政行为。

● ***相关规定***

《刑法》第 277 条；《治安管理处罚法》第 50 条

第六十七条　【监督检查的要求】安全生产监督检查人员应当忠于职守，坚持原则，秉公执法。

安全生产监督检查人员执行监督检查任务时，必须出示有效的行政执法证件；对涉及被检查单位的技术秘密和业务秘密，应当为其保密。

条文注释

本次修改将“执法证件”改为“行政执法证件”，对行政机关具体行政行为提出了明确要求，特别是涉及行政处罚事项时，要注意与 2021 年起施行的行政处罚法有效衔接，按照生效后的行政处罚法的具体规定进行执法，维护行政机关良好形象，提升政府公信力。

● ***相关规定***

《劳动法》第 86 条；《劳动合同法》第 75 条；《公务员法》第 14 条

第六十八条　【监督检查的记录】安全生产监督检查人员应当将检查的时间、地点、内容、发现的问题及其处理情况，作出书面记录，并由检查人员和被检查单位的负责人签字；被检查单位的负责人拒绝签字的，检查人员应当将情况记录在案，并向负有安全生产监督管理职责的部门报告。

案例21

李某、某市城乡建设委员会城乡建设行政管理纠纷案［安徽省淮北市中级人民法院（2018）皖06行终50号］

李某原系金塔塔机公司职工。南京十建公司承建某市恒基城安置房工程施工过程中发现施工电梯故障，便联系金塔塔机公司维修，李某等人遂被派去前往维修，在维修过程中施工电梯突然启动，削中李某右臂致截肢。李某自2015年起至今多次要求市建管处公开案涉事故的调查过程和结果。其间，2017年11月16日李某向市建委邮寄了公开事故调查报告申请书，市建委在一审法庭辩论结束前未作出任何答复。诉讼中，市建委仅提供了南京十建出具的《某市恒基城渠沟安置房一号楼施工工伤事故调查处理报告》。

一审法院认为，市建委作为辖区内的建设主管部门，组织与参与工程重大质量、安全事故调查处理，具有受理和处理公民、法人或者其他组织向其提出的建筑市场领域事故调查报告信息公开申请事宜的行政职责。根据《中华人民共和国政府信息公开条例》第二十四条第一款、第二款"行政机关收到政府信息公开申请，能够当场答复的，应该当场予以答复。行政机关不能当场答复的，应当自收到申请之日起15个工作日内予以答复；如需延长答复期限的，应当经政府信息公开工作机构负责人同意，并告知申请人，延长答复的期限最长不得超过15个工作日"① 的规定，市建委在收到政府信息公开申请后未按规定予以答复，属于程序违法。鉴于市建委主张至今未就案涉事故作出事故调查报告，即李某申请的政府信息尚不存在，市建委在一审法院指定的期限内亦未回复是否具备出具事故调查报告的可能性，视为其目前拒绝出具，再责令其调查后向李某履行答复的职责已无实际意义，只会造成程序上的空转。

至于李某主张案涉事故致其右臂缺失，不属于《生产安全事故报告和调查处理条例》第十九条规定的适用情形，即未造成人员伤亡的一般事故，市建委未就案涉事故作出事故调查报告是否合法，并非政府信息公开案件审查的问题。依照《中华人民共和国行政诉讼法》第七十四条

---

① 对应《中华人民共和国政府信息公开条例》（2019修订）第三十三条。

第二款第三项，《最高人民法院关于审理政府信息公开行政案件若干问题的规定》第九条第一款之规定，判决确认市建委未予答复李某城建信息公开申请的行政行为违法。

二审法院认为，李某上诉认为一审判决以市建委不存在其要求公开的信息内容，未实质判决履行公开信息的职责错误，且根据《中华人民共和国安全生产法》第六十五条的规定，安全生产监督检查人员应当将检查的时间、地点、内容、发现的问题及处理情况，作出书面记录，并向负有安全生产监督管理职责的部门报告，市建委应就涉案事故作出调查报告。上述法律规定的是市建委在事故发生后应对事故作出调查报告。本案中，市建委主张该政府信息不存在，对此，李某应就其申请的政府信息存在承担相应的举证责任，或向法院提供其申请的信息由行政机关制作或者保存的线索。李某在一二审期间均未提供相应证据或相关线索以确定其诉请的信息存在，故李某的上诉理由不能成立，法院不予支持。至于市建委未就案涉事故作出调查报告的合法性不是本案审查范围。

● ***相关规定***

《特种设备安全法》第66条

第六十九条　【联合检查与分别检查】负有安全生产监督管理职责的部门在监督检查中，应当互相配合，实行联合检查；确需分别进行检查的，应当互通情况，发现存在的安全问题应当由其他有关部门进行处理的，应当及时移送其他有关部门并形成记录备查，接受移送的部门应当及时进行处理。

案例22

李某明诉某区安全生产监督管理局等行政纠纷案［北京市第二中级人民法院（2018）京02行终111号］

李某明承租的公有住宅位于拆迁范围内，因该房屋另一居住人白某香与拆迁人签订了拆迁补偿协议，拆迁人在未征得李某明同意的情况下，将李某明房屋的一半进行了拆除，导致房屋整体结构被严重破坏，成为危房。拆迁人的行为严重侵害了李某明的合法权益，也严重危害公共安全。根据《中华人民共和国安全生产法》（以下简称《安全生产法》）、《某市安全生产条例》（以下简称《安全生产条例》）的规定，李某明于2016年6月7日向某区安监局邮寄《违法查处申请书》，某区安监局于2016年6月9日签收。直至李某明起诉，某区安监局未履行法定职责，未作出任何答复。故诉至法院，请求法院确认某区安监局未履行法定职责违法，并责令其对李某明的违法查处申请履行法定职责。

一审法院认为，根据《安全生产法》第九条、《安全生产条例》第九条的规定，某区安监局作为本区安全生产工作实施综合监督管理部门，具有指导、协调和监督有关部门履行安全生产监督和管理职责，并依法对生产经营单位的安全生产工作实施监督管理的法定职责。根据《安全生产法》第七十一条、《安全生产条例》第六十三条的规定，任何单位或者个人对生产安全事故隐患或者安全生产违法行为，均有权向负有安全生产监督管理部门报告或者举报。《安全生产法》第六十六条还规定，负有安全生产监督管理职责的部门在监督检查中，应当互相配合，实行联合检查；确需分别进行检查的，应当互通情况，发现存在的安全问题应当由其他有关部门进行处理的，应当及时移送其他有关部门并形成记录备查，接受移送的部门应当及时进行处理。综上，某区安监局作为本区负责安全生产工作综合管理部门，对相对人提出的涉及安全生产违法行为的报告或举报，具有依法作出相应处理的法定职责。

关于李某明认为某区安监局未依法履行法定职责违法的主张，法院认为，根据《中华人民共和国行政诉讼法》第三十八条第一款的规定，相对人起诉行政机关不履行法定职责，应当提供其向行政机关提出申请的证据。本案中，李某明起诉要求确认某区安监局未履行法定职责，应当提供某区安监局确已收到其履行法定职责申请的相应证据。某区安监局否认收到李某明提出的涉案申请，并提供涉案邮件快递详情单作为证据证明该申请并未被某区安监局及其工作人员签字或盖章签收。虽然李某明向法院提交了邮政快递查询记录，但是查询记录记载的签收日当日为国家法定节假日，该证据无法充分有效地证实某区安监局收到了李某明提出的涉案申请。因李某明未尽到法定举证责任，故李某明认为某区安监局未对其申请作出处理属于不履行法定职责的主张，缺乏事实根据，不予支持。根据《中华人民共和国行政诉讼法》第六十九条的规定，判决驳回李某明的诉讼请求。

李某明不服一审判决提起上诉。

二审法院认为，根据《安全生产法》《安全生产条例》的相关规定，任何单位或者个人对生产安全事故隐患或者安全生产违法行为，均有权向负有安全生产监督管理职责的部门报告或者举报。负有安全生产监督管理职责的部门在监督检查中，应当互相配合，实行联合检查；确需分别进行检查的，应当互通情况，发现存在的安全问题应当由其他有关部门进行处理的，应当及时移送其他有关部门并形成记录备查，接受移送的部门应当及时进行处理。本案中，某区安监局作为安全生产工作综合管理部门，负有指导、协调和监督辖区内有关部门履行安全生产监督和管理职责以及依法对生产经营单位的安全生产工作实施监督管理的法定职责。对相对人提出的涉及辖区内安全生产违法行为的报告或举报，某区安监局亦具有依法作出相应处理的法定职责。

判决驳回上诉，维持一审判决。

第七十条　【强制措施】负有安全生产监督管理职责的部门依法对存在重大事故隐患的生产经营单位作出停产停业、停止施工、停止使用相关设施或者设备的决定，生产经营单位应当依法执行，及时消除事故隐患。生产经营单位拒不执行，有发生生产安全事故的现实危险的，在保证安全的前提下，经本部门主要负责人批准，负有安全生产监督管理职责的部门可以采取通知有关单位停止供电、停止供应民用爆炸物品等措施，强制生产经营单位履行决定。通知应当采用书面形式，有关单位应当予以配合。

负有安全生产监督管理职责的部门依照前款规定采取停止供电措施，除有危及生产安全的紧急情形外，应当提前二十四小时通知生产经营单位。生产经营单位依法履行行政决定、采取相应措施消除事故隐患的，负有安全生产监督管理职责的部门应当及时解除前款规定的措施。

条文注释

负有安全生产监督管理职责的部门在具体实施强制措施时应当把握以下几点：

1. 严格实施条件

一是保证安全。负有安全生产监督管理职责的部门实施行政强制措施的过程中更要以保证安全，特别是从业人员的生命安全为前提。要充分考虑生产经营单位的生产特点和特殊要求，不能因突然采取停电等措施发生其他事故。

二是负有安全生产监督管理职责的部门依法对存在重大事故隐患的生产经营单位作出停产停业、停止施工、停止使用相关设施或者设备的决定。

三是生产经营单位拒不执行上述决定。

四是存在重大事故隐患，有发生生产安全事故的现实危险。这里所称的重大事故隐患，通常是指危害和整改难度较大，应当全部或者局部停产停业，并经过一定时间整改治理方能排除的隐患，或者因外部因素影响致使生产经营单位自身难以排除的隐患。

2. 严格按照程序

一是经本部门主要负责人批准。

二是通知要采用书面形式，这是本条款实施的形式要件。书面形式应为相应的行政执法文书。

三是采取停止供电的强制措施，应当提前二十四小时书面通知生产经营单位。

3. 严格解除条件

一是生产经营单位依法履行行政决定。

二是采取相应措施消除事故隐患的。

第七十一条　【安全生产监察】监察机关依照监察法的规定，对负有安全生产监督管理职责的部门及其工作人员履行安全生产监督管理职责实施监察。

案例 23

肖某明与某县安全生产监督管理局、花园鞭炮厂不履行法定职责案

[湖南省长沙市中级人民法院(2017)湘01行终261号]

原告肖某明起诉称，花园鞭炮厂2016年6月26日发生爆炸事故(简称“6·26”事故)，造成该厂职工1人重伤，1人轻伤，厂房倒塌，有5户周边村民房屋地基和承重墙体开裂，并有墙体严重倾斜等不同程度的损坏，应当认定为一般事故。但该厂为了降低事故等级，逃避行政处罚，谎报事故的真实情况，故意把“6·26”事故中1人重伤和1人轻伤说成2人轻伤。被告县安监局没有依法履行法定职责，没有核实事故的真实性，没有对该厂及其负责人进行任何行政处罚。原告依法提起行政诉讼，请求被告履行法定职责，对花园鞭炮厂谎报事故进行相应的行政处罚。

一审法院认为，根据《中华人民共和国行政诉讼法》第四十九条和第二十五条之规定，行政行为的相对人以及其他与行政行为有利害关系的公民，有权向人民法院提起行政诉讼。本案中，原告肖某明所诉被告县安监局未对第三人花园鞭炮厂“6·26”爆炸事故进行行政处罚的行为与其不具有法律上的利害关系，故肖某明不具有适格原告主体资格。根据《中华人民共和国安全生产法》第七十一条规定，任何单位或者个人对事故隐患或者安全生产违法行为，均有权向负有安全生产监督管理职责的部门报告或者举报。该法第六十八条规定，监察机关依照行政监察法的规定，对负有安全生产监督管理职责的部门及其工作人员履行安全生产监督管理职责实施监察。肖某明认为花园鞭炮厂2016年6月26日发生的爆炸事故构成一般事故，认为县安监局未对花园鞭炮厂进行行政处罚的行为违法，依法可向相关职能部门反映。据此，依据《中华人民共和国行政诉讼法》第四十九条第一项、第二十五条第一款，《最高人民法院关于适用〈中华人民共和国行政诉讼法〉若干问题的解释》第三条第一款第八项、第二款之规定，裁定如下：

驳回原告肖某明的起诉。

二审法院持相同意见，裁定驳回上诉，维持原裁定。

第七十二条　【检评机构的条件和责任】承担安全评价、认证、检测、检验职责的机构应当具备国家规定的资质条件，并对其作出的安全评价、认证、检测、检验结果的合法性、真实性负责。资质条件由国务院应急管理部门会同国务院有关部门制定。

承担安全评价、认证、检测、检验职责的机构应当建立并实施服务公开和报告公开制度，不得租借资质、挂靠、出具虚假报告。

条文注释

本条第二款对承担安全评价、认证、检测、检验的机构作出具体要求，而且特别强调实施服务公开制度，对其出具的报告接受公众监督，规范其行为。因为这类报告往往具有较高的专业化程度，一般公众对此专业知识是缺乏的，故对其检测结果依赖度较高，其作为案件中的重要证据，如果是虚假的、不符合资质的机构出具的，一旦被法庭采纳，将在实质意义上影响纠纷当事人的实体权利。

第七十三条　【举报制度】负有安全生产监督管理职责的部门应当建立举报制度，公开举报电话、信箱或者电子邮件地址等网络举报平台，受理有关安全生产的举报；受理的举报事项经调查核实后，应当形成书面材料；需要落实整改措施的，报经有关负责人签字并督促落实。对不属于本部门职责，需要由其他有关部门进行调查处理的，转交其他有关部门处理。

涉及人员死亡的举报事项，应当由县级以上人民政府组织核查处理。

条文注释

这里需要注意，如果对于安全生产的举报同时涉及行政机关及其工作人员，则负有安全生产监督管理职责的部门同时需要按照《信访条例》

规定的程序和要求，进行信访接访。此外，这里强调有关部门受理举报的职责，也要注意举报人有对举报事项和提供材料确保客观真实的义务。

同时明确了不属于本部门职责的，应转交其他部门，有效防止行政机关不作为，互相推诿的现象。

第二款是本次修改新增条文。特别强调了涉及人员死亡的举报事项由县级以上人民政府组织核查，以有效防止对安全生产事故的漏报瞒报，加强监督。

第七十四条　【举报权】任何单位或者个人对事故隐患或者安全生产违法行为，均有权向负有安全生产监督管理职责的部门报告或者举报。

因安全生产违法行为造成重大事故隐患或者导致重大事故，致使国家利益或者社会公共利益受到侵害的，人民检察院可以根据民事诉讼法、行政诉讼法的相关规定提起公益诉讼。

● ***相关规定***

《国务院关于特大安全事故行政责任追究的规定》第21条

第七十五条　【举报义务】居民委员会、村民委员会发现其所在区域内的生产经营单位存在事故隐患或者安全生产违法行为时，应当向当地人民政府或者有关部门报告。

条文注释

本条是关于居民委员会、村民委员会在安全生产方面应履行的报告义务。需要注意的是，这里的当地人民政府可以是当地的县级人民政府，也可以是当地的乡、镇人民政府以及街道办事处、开发区管理机构等地方人民政府的派出机关。

案例24

李某红与某镇政府、某县安全生产监督管理局行政纠纷案［河南省漯河市召陵区人民法院（2016）豫1104行初7号］

2016年11月11日，被告镇政府在未经得原告同意的情况下，私自向某县房屋安全鉴定管理中心出具委托书，申请对原告位于某商贸城临人民路四层临街房屋安全性进行鉴定，经鉴定，该房屋属于危险房。2016年11月17日，被告安监局在涉案房屋处发布公告，公告涉案房屋为危险房，要求全面停止使用上述房屋。原告诉请被告镇政府委托房屋安全性鉴定超越职权，委托行为违法。被告安监局作出的公告违反法律规定，应确认该行为无效。

法院经审理认为：第一，关于被告镇政府委托鉴定房屋安全性的行为是否合法的问题。被告镇政府称其法律依据是《中华人民共和国安全生产法》第八条第三款的规定：即乡、镇人民政府以及街道办事处、开发区管理机构等地方人民政府的派出机关应当按照职责，加强对本行政区域内生产经营单位安全生产状况监督检查，协助上级人民政府有关部门依法履行安全生产监督管理职责。该法第七十二条规定，居民委员会、村民委员会发现其所在区域内的生产经营单位存在事故隐患或者安全生产违法行为时，应当向当地人民政府或者有关部门报告。但是上述法律并未规定被告镇政府在发现安全生产隐患时，必须或者可以对相关建筑物进行鉴定，故对被告镇政府辩称法院不予采纳，其对原告房屋进行委托鉴定的行为违法。

关于镇政府辩称其行为并不直接决定或者影响被答辩人的人身或者财产权益，不具有行政诉讼法规定的与被答辩人有利害关系，不具有可诉性，更不符合行政诉讼法规定的受案范围，该辩称忽略了其是一级政府的主体身份，其对任何公民、法人以政府名义作出的任何行为，均应当有法律法规的授权，至于其行为是否对行政相对人造成不利后果，不是其是否具备合法性的必备条件，也不是其行为是否具备可诉性的必备要件，故对被告镇政府该辩称，法院不予采纳。

第二，关于被告安监局于2016年11月17日作出的停止使用原告所有的某商贸城临街楼的公告是否合法的问题，被告辩称其法律依据是

《中华人民共和国安全生产法》第九条的规定，即县级以上地方各级人民政府安全生产监督管理部门依照本法，对本行政区域内安全生产工作实施综合监督管理。县级以上地方各级人民政府有关部门依照本法和其他有关法律、法规的规定，在各自的职责范围内对有关行业、领域的安全生产工作实施监督管理。上述规定对被告安监局赋予了对其管辖区域内的安全生产工作实施综合监督管理的职责，公告危险房屋是其履行管理职责的行为，该行为具有合法性。关于原告称被告安监局依据《中华人民共和国安全生产法》等法律法规作出停止原告使用其房屋的公告，适用法律错误，其作为自然人不适用该法的诉称，因原告的房屋是商业用房，原告作为出租房屋者也好，商户租赁经营也好，均是生产经营行为，安监局据此作出停止使用其房屋的公告行为，符合法律规定，系合法行为，故对原告该诉称，法院不予支持。

● ***相关规定***

《城市居民委员会组织法》第 2 条；《村民委员会组织法》第 2 条

第七十六条　【举报奖励】县级以上各级人民政府及其有关部门对报告重大事故隐患或者举报安全生产违法行为的有功人员，给予奖励。具体奖励办法由国务院应急管理部门会同国务院财政部门制定。

第七十七条　【舆论监督】新闻、出版、广播、电影、电视等单位有进行安全生产公益宣传教育的义务，有对违反安全生产法律、法规的行为进行舆论监督的权利。

第七十八条　【安全生产违法行为信息库】负有安全生产监督管理职责的部门应当建立安全生产违法行为信息库，如实记录生产经营单位及其有关从业人员的安全生产违法行为信息；对违法行为情节严重的生产经营单位及其有关从业人员，应当及时向社会公告，并通报行业主管部门、投资主管部门、自然资源主管部门、生态环境主管部门、证券监督管理机构以及有关金融机构。有关部门和机构应当对存在失信行为的生产经营单位及其有关从业人员采取加大执法检查频次、暂停项目审批、上调有关保险费率、行业或者职业禁入等联合惩戒措施，并向社会公示。

负有安全生产监督管理职责的部门应当加强对生产经营单位行政处罚信息的及时归集、共享、应用和公开，对生产经营单位作出处罚决定后七个工作日内在监督管理部门公示系统予以公开曝光，强化对违法失信生产经营单位及其有关从业人员的社会监督，提高全社会安全生产诚信水平。

条文注释

安全生产违法行为信息库记录的对象由“生产经营单位”扩大至“生产经营单位及其有关从业人员”。

对违法行为的监管力度加大，并明确具体惩罚措施。由“公示”扩大到“禁入”等。

对安全生产违法行为的通报范围，由“社会”具体明确至“证券监督管理、金融机构、自然资源主管部门”等，以及行业主管部门，再次体现了“管行业要管安全”的具体要求。

第五章　生产安全事故的应急救援与调查处理

第七十九条　【生产安全事故应急能力建设】国家加强生产安全事故应急能力建设，在重点行业、领域建立应急救援基地和应急救援队伍，并由国家安全生产应急救援机构统一协调指挥；鼓励生产经营单位和其他社会力量建立应急救援队伍，配备相应的应急救援装备和物资，提高应急救援的专业化水平。

国务院应急管理部门牵头建立全国统一的生产安全事故应急救援信息系统，国务院交通运输、住房和城乡建设、水利、民航等有关部门和县级以上地方人民政府建立健全相关行业、领域、地区的生产安全事故应急救援信息系统，实现互联互通、信息共享，通过推行网上安全信息采集、安全监管和监测预警，提升监管的精准化、智能化水平。

条文注释

应急救援一般是指针对突发、具有破坏力的紧急事件采取预防、预备、响应和恢复的活动与计划。

本次修改第二款明确了国家应急管理部门在应急能力建设工作中的重要作用。突出强调了民航、水利等有关部门的职责，要求“行业、领域、地区”进行信息共享，互联互通。依靠信息化技术实现管理的精准化和智能化。

现阶段，国家生产安全事故应急救援信息系统建设的基本要求为：积极适应安全生产应急管理工作需要，紧紧围绕“统一指挥、反应灵敏、协调有序、运转高效”的应急管理机制，加强应急救援信息系统建设要做到：一是坚持整体筹划；二是坚持先进实用；三是坚持综合配套；四是坚持互联互通；五是坚持安全可靠。

第八十条　【政府职责】县级以上地方各级人民政府应当组织有关部门制定本行政区域内生产安全事故应急救援预案，建立应急救援体系。

乡镇人民政府和街道办事处，以及开发区、工业园区、港区、风景区等应当制定相应的生产安全事故应急救援预案，协助人民政府有关部门或者按照授权依法履行生产安全事故应急救援工作职责。

条文注释

本次修改增加一款作为第二款，明确乡、镇人民政府以及街道办事处在制定应急预案中的职责，特别是将制定预案中的“协助”职责明确到街道办事处，建立起应急预案制定四级行政管理组织协调联动的模式，再次突出了“预防为主”的安全生产工作方针。

● ***相关规定***

《特种设备安全法》第69条；《突发事件应对法》第26条；《危险化学品安全管理条例》第69条

第八十一条　【生产安全事故应急预案及演练】 生产经营单位应当制定本单位生产安全事故应急救援预案，与所在地县级以上地方人民政府组织制定的生产安全事故应急救援预案相衔接，并定期组织演练。

条文注释

生产安全事故应急救援预案是针对具体设备、设施、场所和环境，在安全评价的基础上，为降低事故造成的人身、财产损失与环境危害，就事故发生后的应急救援机构和人员，应急救援的设备、设施、条件和环境，行动的步骤和纲领，控制事故发展的方法和程序等，预先作出的科学而有效的计划和安排。一般分为综合应急预案、专项应急预案和现场处置方案。

案例 25

大辅公司与甲市应急管理局、乙市应急管理局行政复议案 ［江苏省苏州市中级人民法院（2020）苏05行终469号］

2019年4月22日，某镇安环所工作人员对大辅公司进行现场检查，发现该单位存在现场缺少操作规程和警示标志；未制定事故隐患排查治理制度；未将2019年1月至4月事故隐患排查治理情况、安全生产教育和培训情况如实记录；未制定应急演练预案，未定期开展演练等情况。

2019年4月22日，甲市应急管理局作出《责令限期整改指令书》，责令大辅公司对存在的现场缺少操作规程和警示标志、未制定事故隐患排查治理制度、未将2019年1月至4月事故隐患排查治理情况、安全生产教育和培训情况如实记录、未制定应急演练预案、未定期开展演练的问题于2019年5月22日前整改完毕。

大辅公司出具委托书，载明委托公司总经理王某甫代为处理公司的安全生产相关事宜，王某甫、张某东是大辅公司雇佣的员工。

2019年6月26日，某镇安环所对大辅公司再次进行现场检查，发现企业未按要求整改。2019年7月9日，甲市应急管理局向大辅公司作出行政处罚告知，2019年8月1日，甲市应急管理局作出《行政处罚决定书》，大辅公司向苏州应急局申请复议。2019年11月11日，苏州应急局作出《行政复议决定书》，维持了甲市应急管理局的行政处罚决定。大辅公司不服，提起诉讼。

原审法院认为，《中华人民共和国安全生产法》第七十八条规定，生产经营单位应当制定本单位生产安全事故应急救援预案，与所在地县级以上地方人民政府组织制定的生产安全事故应急救援预案相衔接，并定期组织演练。第三十八条第一款规定，生产经营单位应当建立健全生产安全事故隐患排查治理制度，采取技术、管理措施，及时发现并消除事故隐患。事故隐患排查治理情况应当如实记录，并向从业人员通报。本案中，大辅公司在某镇安环所执法人员检查时，并无生产安全事故应急救援预案可提供、未定期组织演练、未建立生产安全事故隐患排查治理制度，事实清楚。

二审法院认为，根据《中华人民共和国安全生产法》第九条的规定，甲市应急管理局有对本行政区域内安全生产工作实施综合监督管理的法定职责。乙应急局作为甲市应急管理局上一级机关，对根据大辅公司的行政复议申请对涉案行政处罚进行审查并作出决定，系履行法定职责。甲市应急管理局所作涉案行政处罚认定事实清楚，证据充分，大辅公司经多次检查及督促，但仍未按照规定履行安全生产主体责任，亦未在规定的责令整改期限内完成整改，其安全生产意识淡薄、违法情节严重，社会危害程度高。两项违法行为合并处罚，对大辅公司处15万元罚款的行政处罚适用法律正确，量罚适当。经核查，甲市应急管理局对大辅公司未按照规定制定生产安全事故应急救援预案、未定期组织演练的违法行为作出责令限期改正，并处5万元的罚款；对大辅公司未建立事故隐患排查治理制度的违法行为作出责令限期改正，并处10万元的罚款，合并两项违法行为，决定作出责令限期改正，并处15万元的罚款，在上述法律规定的自由裁量幅度范围内，并无明显不当。故二审法院判决驳回上诉，维持原判。

第八十二条　【组织和设备的要求】危险物品的生产、经营、储存单位以及矿山、金属冶炼、城市轨道交通运营、建筑施工单位应当建立应急救援组织；生产经营规模较小的，可以不建立应急救援组织，但应当指定兼职的应急救援人员。

危险物品的生产、经营、储存、运输单位以及矿山、金属冶炼、城市轨道交通运营、建筑施工单位应当配备必要的应急救援器材、设备和物资，并进行经常性维护、保养，保证正常运转。

● ***相关规定***

《突发事件应对法》第23条；《矿山安全法》第31条

第八十三条　【生产经营单位的事故报告】生产经营单位发生生产安全事故后，事故现场有关人员应当立即报告本单位负责人。

单位负责人接到事故报告后，应当迅速采取有效措施，组织抢救，防止事故扩大，减少人员伤亡和财产损失，并按照国家有关规定立即如实报告当地负有安全生产监督管理职责的部门，不得隐瞒不报、谎报或者迟报，不得故意破坏事故现场、毁灭有关证据。

条文注释

本条需要注意的是，此处“有关人员”主要是指事故发生单位在事故现场的其他工作人员，既可以是在事故中负伤的伤员，也可以是处于事故现场的其他工作人员。特别是在有人员身负重伤或死亡，无法报告的情况下，有关人员扩大到任何首先发现事故的人。

相关案例索引

李甲奎、李乙奎、李丙奎、苏某喜、苏某全、邓某兴非法买卖、储存爆炸物，非法采矿，重大劳动安全事故，不报安全事故，行贿案（《中华人民共和国最高人民法院公报》2012年第3期）

本案要点

被告等人在安全责任事故发生后，未向有关部门上报，自行组织人员盲目施救，造成次生矿难事故。为隐瞒事故，又安排将死亡人员的尸体转移火化，并封闭事故井口，拆毁、转移井架等设备，破坏井下及地面事故现场，销毁新立井账本和技术资料等，构成不报安全事故罪。

● ***相关规定***

《矿山安全法》第36条；《生产安全事故报告和调查处理条例》第9条、第12~14条、第16条

第八十四条　【安全监管部门的事故报告】负有安全生产监督管理职责的部门接到事故报告后，应当立即按照国家有关规定上报事故情况。负有安全生产监督管理职责的部门和有关地方人民政府对事故情况不得隐瞒不报、谎报或者迟报。

条文注释

本条可以与《生产安全事故报告和调查处理条例》相结合，对于报告的时限，要求安全生产监督管理部门和负有安全生产监督管理职责的有关部门逐级上报，具体要求每级上报事件不超过2小时。对于特别重大事故的报告，要求从事故单位负责人报告起，至国务院，不超过9小时。

案例26

李某与某区应急管理局行政纠纷案［西安铁路运输法院（2020）陕7102行初1825号］

原告李某诉称，2018年8月13日，原告之子杨某某与国际旅行公

司展宏路门市部、国际旅行公司共同签订《团队境内旅游合同》，由上述公司向杨某某提供旅行服务并委托金聚堂公司派遣崔某某担任司机。2018 年 8 月 21 日，在履行旅游合同过程中，崔某某驾驶车辆沿 × × 路由东北向西南行驶至 × × 村段，因避让车辆操作不当，车辆撞到路右侧行道树及指示杆上，致使杨某某受伤，后治疗无效去世。2018 年 9 月 17 日，某市公安局某分局交警大队认定，崔某某承担事故全部责任，杨某某无责任。上述事故造成一人死亡，属于《生产安全事故报告和调查处理条例》第三条规定的一般事故，故依据该条例第四条："事故报告应当及时、准确、完整，任何单位和个人对事故不得迟报、漏报、谎报或者瞒报。事故调查处理应当坚持实事求是、尊重科学的原则，及时、准确地查清事故经过、事故原因和事故损失，查明事故性质，认定事故责任，总结事故教训，提出整改措施，并对事故责任者依法追究责任"及某区应急管理部门职能第十五条："依法组织指导生产安全事故调查处理，监督事故查处、责任追究和整改措施落实情况，组织开展自然灾害类突发事件的调查评估工作"，被告某区应急管理局应当履行法定职责，出具事故调查报告，但原告多次请求被告对本次事故进行调查，被告均未答复。综上所述，原告认为，被告作为该区应急管理机构却未履行法定职责，未对生产安全事故进行调查处理，故诉至法院，请求：（1）判令被告不履行法定职责行为违法，并判令其出具事故调查报告；（2）本案诉讼费用由被告承担。

法院认为，职权法定是行政法的基本原则，行政机关应当在管辖范围内行事，按照法定条件行使职权，并依据具体情况作出相应处理。与之相对应，公民、法人或者其他组织提起履行职责之诉的前提是该机关有履行该项请求的义务，即具有相应管辖权。管辖权是行政机关活动的基础和范围，也是执法的基本界限。《中华人民共和国安全生产法》第八十条的规定："生产经营单位发生生产安全事故后，事故现场有关人员应当立即报告本单位负责人……并按照国家有关规定立即如实报告当地负有安全生产监督管理职责的部门……"《中华人民共和国安全生产法》第八十一条规定："负有安全生产监督管理职责的部门接到事故报告后，应当立即按照国家有关规定上报事故情况……"《中华人民共和国安全生产法》第八十三条规定："……事故调查和处理的具体办法由国务院制定。"《生产安全事故报告和调查处理条例》第十九条第二款规定："重大事故、较大事故、一般事故分别由事故发生地省级人民政府、设区的市级人民政府、县级人民政府负责调查。省级人民政府、设区的市级人民政府、县级人民政府可以直接组织事故调查组进行调查，也可以授权或者委托有关部门组织事故调查组进行调查。"因此，法律法规并未授权安全生产监督管理部门有直接立案、调查安全生产责任事故的行政职权，而且本案所涉事故也未经相应职权部门认定属于安全生产责任事故。在此情况下，原告李某作为死者杨某某的母亲，直接向无法定职权的被告申请要求其履行对涉案事故的调查职责，对此，被告相应的处理或不予处理行为对原告的权利义务均不会产生实质影响。因此，原告提起的本次诉讼，不符合履行职责之诉的法定起诉条件，依法应予驳回。

● ***相关规定***

《生产安全事故报告和调查处理条例》第 10 条、第 11 条

第八十五条　【事故抢救】有关地方人民政府和负有安全生产监督管理职责的部门的负责人接到生产安全事故报告后，应当按照生产安全事故应急救援预案的要求立即赶到事故现场，组织事故抢救。

参与事故抢救的部门和单位应当服从统一指挥，加强协同联动，采取有效的应急救援措施，并根据事故救援的需要采取警戒、疏散等措施，防止事故扩大和次生灾害的发生，减少人员伤亡和财产损失。

事故抢救过程中应当采取必要措施，避免或者减少对环境造成的危害。

任何单位和个人都应当支持、配合事故抢救，并提供一切便利条件。

第八十六条　【事故调查与处理】事故调查处理应当按照科学严谨、依法依规、实事求是、注重实效的原则，及时、准确地查清事故原因，查明事故性质和责任，评估应急处置工作，总结事故教训，提出整改措施，并对事故责任单位和人员提出处理建议。事故调查报告应当依法及时向社会公布。事故调查和处理的具体办法由国务院制定。

事故发生单位应当及时全面落实整改措施，负有安全生产监督管理职责的部门应当加强监督检查。

负责事故调查处理的国务院有关部门和地方人民政府应当在批复事故调查报告后一年内，组织有关部门对事故整改和防范措施落实情况进行评估，并及时向社会公开评估结果；对不履行职责导致事故整改和防范措施没有落实的有关单位和人员，应当按照有关规定追究责任。

条文注释

本次修改增加了事故处理工作的内容，即进行应急处置评估，以更好地从事故中吸取教训，把每一次事故都作为一堂安全教育警示课，最大限度地避免同类安全生产事故的发生。

增加第三款，强调安全生产事故的管理不止步于事故调查报告的批复，还要在一年后监督落实情况，并明确落实不到位的惩罚措施，消除生产经营单位“一罚了之”的侥幸心理。

● ***相关规定***

《生产安全事故报告和调查处理条例》第 19～34 条

第八十七条　【有关行政部门的法律责任】生产经营单位发生生产安全事故，经调查确定为责任事故的，除了应当查明事故单位的责任并依法予以追究外，还应当查明对安全生产的有关事项负有审查批准和监督职责的行政部门的责任，对有失职、渎职行为的，依照本法第九十条的规定追究法律责任。

案例 27

王某明与某市人民政府安全生产事故批复案 [浙江省高级人民法院（2019）浙行终1250号]

原告王某明于2012年10月18日与原某市国土资源局签订国有建设用地使用权出让合同，以出让方式取得位于浙江省某市碗窑乡凤凰山小区宗地编号为×××地块，原告取得涉案房屋的建设工程规划许可证后，并包清工的方式将该房屋承包给第三人林某明建造，双方于2015年12月11日签订《承包建房合同》。建房过程中，林某明雇佣林某樟等人施工。2016年11月7日，林某樟在施工时从高处坠落受伤。

后原告向某市中级人民法院提起行政诉讼，请求撤销某市政府批准同意事故调查报告中事故责任认定部分针对原告的内容，撤销某市人民政府行政复议决定维持上述认定部分内容。

原审法院认为，关于事故调查报告认定涉案事故是一起安全生产责任事故是否正确的问题。关于事故调查报告对相关责任人的责任大小未作区分的问题，被告主张未作区分的原因系在涉案事故中，各责任人的责任大小区别不明显。根据《生产安全事故报告和调查处理条例》第三十条第一款的规定，事故调查报告应当包括下列内容：(1) 事故发生单位概况；(2) 事故发生经过和事故救援情况；(3) 事故造成的人员伤亡和直接经济损失；(4) 事故发生的原因和事故性质；(5) 事故责任的认定以及对事故责任者的处理建议；(6) 事故防范和整改措施。可见，该条例并未规定事故调查报告必须对各责任人的责任大小作出区分，本案事故调查组在事故责任大小区分不明显的情况下仅认定相关人员对事故发生负有责任并无不当。

二审法院认为，某市政府作出被诉事故调查报告批复认定涉案事故系安全生产事故是否正确。安全生产法第一百一十三条第一款规定，本法规定的生产安全一般事故、较大事故、重大事故、特别重大事故的划分标准由国务院规定。《生产安全事故报告和调查处理条例》第三条规定，根据生产安全事故（以下简称事故）造成的人员伤亡或者直接经济损失，事故一般分为以下等级：(1) 特别重大事故，是指造成30人以上死亡，或者100人以上重伤（包括急性工业中毒，下同），或者1亿元以上直接经济损失的事故；(2) 重大事故，是指造成10人以上30人以下死亡，或者50人以上100人以下重伤，或者5000万元以上1亿元以下直接经济损失的事故；(3) 较大事故，是指造成3人以上10人以下死亡，或者10人以上50人以下重伤，或者1000万元以上5000万元以下直接经济损失的事故；(4) 一般事故，是指造成3人以下死亡，或者10人以下重伤，或者1000万元以下直接经济损失的事故。国务院安全生产监督管理部门可以会同国务院有关部门，制定事故等级划分的补充性规定。《国家安全生产监督管理总局关于生产安全事故认定若干意见问题的函》第二条第三款规定，生产经营单位在生产经营活动中发生的造成人身伤亡或者直接经济损失的事故，属于生产安全事故。本案中，林某樟在王某明作为发包方的房屋建设工程施工过程中从高处坠落受伤，且从实际情况看，林某樟受伤较重，亦因此产生了较大经济损失。在此情况下，被诉事故调查报告批复认定涉案事故属于生产安全事故，并无明显不当。安全生产法第八十四条规定，“生产经营单位发生生产安全事故，经调查确定为责任事故的……”，涉案事故调查报告在认定生产安全事故时将“生产安全事故”表述为“生产安全责任事故”，亦未明显违反法律规定，且对涉案事故调查报告的合法性及当事人的实体权益亦无实际影响。

综上，原审判决认定事实清楚，适用法律正确，依法应予维持。上诉人提出的上诉请求，缺乏事实和法律依据，判决驳回上诉，维持原判。

第八十八条　【事故调查处理不得干涉】任何单位和个人不得阻挠和干涉对事故的依法调查处理。

● ***相关规定***

《治安管理处罚法》第50条

第八十九条　【事故定期统计分析和定期公布制度】县级以上地方各级人民政府应急管理部门应当定期统计分析本行政区域内发生生产安全事故的情况，并定期向社会公布。

条文注释

本条是从统计分析角度，侧重对特定地区在特定时间安全事故总体情况的公布。

● ***相关规定***

《政府信息公开条例》第9~12条

第六章 法律责任

第九十条 【审批监管工作人员的法律责任】负有安全生产监督管理职责的部门的工作人员，有下列行为之一的，给予降级或者撤职的处分；构成犯罪的，依照刑法有关规定追究刑事责任：

（一）对不符合法定安全生产条件的涉及安全生产的事项予以批准或者验收通过的；

（二）发现未依法取得批准、验收的单位擅自从事有关活动或者接到举报后不予取缔或者不依法予以处理的；

（三）对已经依法取得批准的单位不履行监督管理职责，发现其不再具备安全生产条件而不撤销原批准或者发现安全生产违法行为不予查处的；

（四）在监督检查中发现重大事故隐患，不依法及时处理的。

负有安全生产监督管理职责的部门的工作人员有前款规定以外的滥用职权、玩忽职守、徇私舞弊行为的，依法给予处分；构成犯罪的，依照刑法有关规定追究刑事责任。

● ***相关规定***

《公务员法》第56条；《刑法》第397条

第九十一条　【监管部门的法律责任】负有安全生产监督管理职责的部门，要求被审查、验收的单位购买其指定的安全设备、器材或者其他产品的，在对安全生产事项的审查、验收中收取费用的，由其上级机关或者监察机关责令改正，责令退还收取的费用；情节严重的，对直接负责的主管人员和其他直接责任人员依法给予处分。

条文注释

这里所说的“直接负责的主管人员”，包括单位违法行为的决策人，事后对该违法行为予以认可和支持的管理人员，以及对该违法行为疏忽管理甚至放任具有不可推卸责任的领导人员。“其他直接责任人员”，指直接实施违法行为的相关人员。

● ***相关规定***

《刑法》第394条、第395条

第九十二条　【检评机构违法】承担安全评价、认证、检测、检验职责的机构出具失实报告的，责令停业整顿，并处三万元以上十万元以下的罚款；给他人造成损害的，依法承担赔偿责任。

承担安全评价、认证、检测、检验职责的机构租借资质、挂靠、出具虚假报告的，没收违法所得；违法所得在十万元以上的，并处违法所得二倍以上五倍以下的罚款，没有违法所得或者违法所得不足十万元的，单处或者并处十万元以上二十万元以下的罚款；对其直接负责的主管人员和其他直接责任人员处五万元以上十万元以下的罚款；给他人造成损害的，与生产经营单位承担连带赔偿责任；构成犯罪的，依照刑法有关规定追究刑事责任。

对有前款违法行为的机构及其直接责任人员，吊销其相应资质和资格，五年内不得从事安全评价、认证、检测、检验等工作；情节严重的，实行终身行业和职业禁入。

条文注释

本次修改将处罚上限予以提高。同时对第一款进行了细化，根据违法情节轻重进行不同程度的处罚。

这里需要注意的是，将处罚对象由“有前款违法行为的机构”扩大到“对有前款违法行为的机构及其直接责任人员”，甚至增加了“终身行业和职业禁入”的规定。这类行业或职业一般具有高度专业性，一旦被禁入，可能意味着该从业人员无法从事与专业相关工作，可见处罚力度之大。

● ***相关规定***

《刑法》第229条

第九十三条　【资金投入违法】生产经营单位的决策机构、主要负责人或者个人经营的投资人不依照本法规定保证安全生产所必需的资金投入，致使生产经营单位不具备安全生产条件的，责令限期改正，提供必需的资金；逾期未改正的，责令生产经营单位停产停业整顿。

有前款违法行为，导致发生生产安全事故的，对生产经营单位的主要负责人给予撤职处分，对个人经营的投资人处二万元以上二十万元以下的罚款；构成犯罪的，依照刑法有关规定追究刑事责任。

● ***相关规定***

《刑法》第135条；《建设工程安全生产管理条例》第54条

第九十四条　【单位负责人违法】生产经营单位的主要负责人未履行本法规定的安全生产管理职责的，责令限期改正，处二万元以上五万元以下的罚款；逾期未改正的，处五万元以上十万元以下的罚款，责令生产经营单位停产停业整顿。

生产经营单位的主要负责人有前款违法行为，导致发生生产安全事故的，给予撤职处分；构成犯罪的，依照刑法有关规定追究刑事责任。

生产经营单位的主要负责人依照前款规定受刑事处罚或者撤职处分的，自刑罚执行完毕或者受处分之日起，五年内不得担任任何生产经营单位的主要负责人；对重大、特别重大生产安全事故负有责任的，终身不得担任本行业生产经营单位的主要负责人。

条文注释

对于本章法律责任，本次修改普遍加大了对安全生产违法行为的处罚力度，但罚款不是目的，是希望以缴纳罚款的方式促使生产经营单位深刻吸取安全事故教训，扫除安全隐患监管盲点，促进生产有条不紊地进行。

对于限期责令改正的情况，增加一项处罚——罚款。对于限期未改正的情况，提高处罚额度。

● ***相关规定***

《刑法》第 134 条

第九十五条　【对主要负责人的罚款】生产经营单位的主要负责人未履行本法规定的安全生产管理职责，导致发生生产安全事故的，由应急管理部门依照下列规定处以罚款：

（一）发生一般事故的，处上一年年收入百分之四十的罚款；

（二）发生较大事故的，处上一年年收入百分之六十的罚款；

（三）发生重大事故的，处上一年年收入百分之八十的罚款；

（四）发生特别重大事故的，处上一年年收入百分之一百的罚款。

条文注释

本次修改将不同等级安全生产事故的种类的处罚力度加大。除一般事故的处罚比例上涨10%外，其他类型安全事故的罚款比例均上涨20%。

这里需要注意的是，不同于本法第九十二条规定的罚款数额上限，这里是按照生产经营单位年收入的比例。如果企业只注重经济效益，忽略安全防范，一旦发生生产事故，其缴纳的罚款也就越多，此处提高处罚比例后，将更大程度地改变企业“只缴罚款，不改做法”的现象，能够有效督促企业推动安全生产管理制度等配套建设。

● ***相关规定***

《生产安全事故报告和调查处理条例》第3条

第九十六条　【对安全生产管理人员的处罚】生产经营单位的其他负责人和安全生产管理人员未履行本法规定的安全生产管理职责的，责令限期改正，处一万元以上三万元以下的罚款；导致发生生产安全事故的，暂停或者吊销其与安全生产有关的资格，并处上一年年收入百分之二十以上百分之五十以下的罚款；构成犯罪的，依照刑法有关规定追究刑事责任。

相关案例索引

1. **岳某胜、谢某仁重大责任事故案**（《中华人民共和国最高人民法院公报》2012年第3期）

本案要点

被告人岳某胜作为矿长，多次拒不执行煤矿监察部门停产整改指令，组织违法生产，对违章作业监管不力，在发生煤与瓦斯突出事故后，现场指挥中未下令切断瓦斯突出波及的某区域电源，造成特别重大事故，后果特别严重；被告人谢某仁作为主管“一通三防”副矿长，拒不执行煤矿监察部门停产整改指令而违法生产，在违法生产中，多次不履行打超前钻探、排除安全隐患职责，发生煤与瓦斯突出事故后，现场指挥中未下令切断瓦斯突出波及的某区域电源，造成特别重大事故，后果特别严重。二人均构成重大责任事故罪，且依法应从重处罚。

● ***相关规定***

《刑法》第134条

第九十七条 【对生产经营单位的处罚】 生产经营单位有下列行为之一的，责令限期改正，处十万元以下的罚款；逾期未改正的，责令停产停业整顿，并处十万元以上二十万元以下的罚款，对其直接负责的主管人员和其他直接责任人员处二万元以上五万元以下的罚款：

（一）未按照规定设置安全生产管理机构或者配备安全生产管理人员、注册安全工程师的；

（二）危险物品的生产、经营、储存、装卸单位以及矿山、金属冶炼、建筑施工、运输单位的主要负责人和安全生产管理人员未按照规定经考核合格的；

（三）未按照规定对从业人员、被派遣劳动者、实习学生进行安全生产教育和培训，或者未按照规定如实告知有关的安全生产事项的；

（四）未如实记录安全生产教育和培训情况的；

（五）未将事故隐患排查治理情况如实记录或者未向从业人员通报的；

（六）未按照规定制定生产安全事故应急救援预案或者未定期组织演练的；

（七）特种作业人员未按照规定经专门的安全作业培训并取得相应资格，上岗作业的。

条文注释

本次修改将限期改正处以罚款的金额上线提高至10万元；逾期未改正，对生产经营单位处罚的数额提升至10万元至20万元。对直接责任人员处罚的数额提升至2万元至5万元。

第九十八条　【生产经营单位建设项目违法（一）】生产经营单位有下列行为之一的，责令停止建设或者停产停业整顿，限期改正，并处十万元以上五十万元以下的罚款，对其直接负责的主管人员和其他直接责任人员处二万元以上五万元以下的罚款；逾期未改正的，处五十万元以上一百万元以下的罚款，对其直接负责的主管人员和其他直接责任人员处五万元以上十万元以下的罚款；构成犯罪的，依照刑法有关规定追究刑事责任：

（一）未按照规定对矿山、金属冶炼建设项目或者用于生产、储存、装卸危险物品的建设项目进行安全评价的；

（二）矿山、金属冶炼建设项目或者用于生产、储存、装卸危险物品的建设项目没有安全设施设计或者安全设施设计未按照规定报经有关部门审查同意的；

（三）矿山、金属冶炼建设项目或者用于生产、储存、装卸危险物品的建设项目的施工单位未按照批准的安全设施设计施工的；

（四）矿山、金属冶炼建设项目或者用于生产、储存、装卸危险物品的建设项目竣工投入生产或者使用前，安全设施未经验收合格的。

条文注释

这里需要注意的是，除提高了对生产经营单位和直接责任人的处罚金额外，在停业整顿的基础上，增加了10万元起步的罚款，也就是说，一旦生产经营单位有相应的违法事项，则必有罚款，处罚力度明显加大。

第九十九条　【生产经营单位建设项目违法（二）】生产经营单位有下列行为之一的，责令限期改正，处五万元以下的罚款；逾期未改正的，处五万元以上二十万元以下的罚款，对其直接负责的主管人员和其他直接责任人员处一万元以上二万元以下的罚款；情节严重的，责令停产停业整顿；构成犯罪的，依照刑法有关规定追究刑事责任：

（一）未在有较大危险因素的生产经营场所和有关设施、设备上设置明显的安全警示标志的；

（二）安全设备的安装、使用、检测、改造和报废不符合国家标准或者行业标准的；

（三）未对安全设备进行经常性维护、保养和定期检测的；

（四）关闭、破坏直接关系生产安全的监控、报警、防护、救生设备、设施，或者篡改、隐瞒、销毁其相关数据、信息的；

（五）未为从业人员提供符合国家标准或者行业标准的劳动防护用品的；

（六）危险物品的容器、运输工具，以及涉及人身安全、危险性较大的海洋石油开采特种设备和矿山井下特种设备未经具有专业资质的机构检测、检验合格，取得安全使用证或者安全标志，投入使用的；

（七）使用应当淘汰的危及生产安全的工艺、设备的；

（八）餐饮等行业的生产经营单位使用燃气未安装可燃气体报警装置的。

● ***相关规定***

《刑法》第135条；《最高人民检察院、公安部关于公安机关管辖的刑事案件立案追诉标准的规定（一）》第10条

第一百条　【违法经营危险物品】未经依法批准，擅自生产、经营、运输、储存、使用危险物品或者处置废弃危险物品的，依照有关危险物品安全管理的法律、行政法规的规定予以处罚；构成犯罪的，依照刑法有关规定追究刑事责任。

案例28

某科技公司、某区应急管理局行政纠纷案［山东省青岛市中级人民法院（2019）鲁02行终24号］

被告原某区应急管理局执法人员安某某于2016年6月8日依法对原告进行安全生产和职业卫生检查。检查中发现，该公司存在违法行为，依程序当场下达了《责令限期整改指令书》和《现场检查记录》。2016年6月10日，被告安某某决定对原告未取得危险化学品经营许可证从事危险化学品经营案立案调查，2016年6月21日，被告执法人员按法定程序向原告送达了《行政处罚告知书》和《听证告知书》。原告对该处罚决定不服，申请复议。复议维持了行政处罚决定。遂诉至法院。

一审法院认为，根据《中华人民共和国安全生产法》第九条和第五十六条的规定，被告安某某作为县级安全生产监督管理行政管理部门，具有对本辖区内安全生产违法行为作出行政处罚的职权。被告安某某调查核实后，在作出数额较大罚款的行政处罚前，书面告知原告违法的事实、理由、依据以及所享有的陈述、申辩的权利，其执法主体适格，程序合法。

2015年2月，由国家安全生产监督管理总局、工业和信息化部、公安部、环境保护部、交通运输部、农业部、国家卫生和计划生育委员会、国家质量监督检验检疫总局、国家铁路局、中国民用航空局公布的《危险化学品目录（2015版）》中二甲苯和正丁醇均属于危险化学品。《中华人民共和国安全生产法》第三十六条规定："生产、经营、运输、储存、使用危险物品或者处置废弃危险物品的，由有关主管部门依照有关法律、法规的规定和国家标准或者行业标准审批并实施监督管理。生产经营单位生产、经营、运输、储存、使用危险物品或者处置废弃危险物品，必须执行有关法律、法规和国家标准或者行业标准，建立专门的安全管理制度，采取可靠的安全措施，接受有关主管部门依法实施的监督管理。”《危险化学品安全管理条例》第三十三条第一款规定：“国家对危险化学品经营（包括仓储经营，下同）实行许可制度。未经许可，任何单位和个人不得经营危险化学品。”本案中，原告在生产经营过程中使用二甲苯和正丁醇等危险化学品，应当办理安全生产许可证。原告在诉讼中主张其在购进二甲苯和正丁醇后，按照一定比例混合搅拌成环氧地坪稀料，作为地坪涂漆的配套产品捆绑销售，而非单独经营，根据《危险化学品安全管理条例》第三十三条第二款规定：“依法设立的危险化学品生产企业在其厂区范围内销售本企业生产的危险化学品，不需要取得危险化学品经营许可。”原告的行为不应被行政处罚。但这一主张与原告的自认事实相矛盾，原告法定代表人在接受被告安某某调查询问时，明确认可原告的环氧地坪稀料成分是二甲苯，其购进二甲苯后不经过任何加工，直接用公司的包装分装销售，并在向被告安某某提交了原告2011年至2016年5月环氧地坪稀料销售汇总表等材料，与被告安某某的其他证据形成完整证据链，足以证明原告未取得危险化学品（稀释剂）经营许可证从事危险化学品经营的事实，原告在行政复议中提交的证据亦不能推翻这一事实，因此，原告该主张，不予支持，原告申某某对环氧地坪漆稀料成分进行鉴定，亦没有必要性，不予准许。被告安某某作出的《行政处罚决定书》，认定事实清楚，适用法律正确。

二审法院认为，《中华人民共和国安全生产法》第九十七条规定，未经依法批准，擅自生产、经营、运输、储存、使用危险物品或者处置废弃危险物品的，依照有关危险物品安全管理的法律、行政法规的规定予以处罚；构成犯罪的，依照刑法有关规定追究刑事责任。《危险化学品安全管理条例》第十四条规定，危险化学品生产企业进行生产前，应当依照《安全生产许可证条例》的规定，取得危险化学品安全生产许可证。第三十三条第一款规定，国家对危险化学品经营（包括仓储经营，下同）实行许可制度。未经许可，任何单位和个人不得经营危险化学品。第二款规定，依法设立的危险化学品生产企业在其厂区范围内销售本企业生产的危险化学品，不需要取得危险化学品经营许可。第六十七条第一款规定，危险化学品生产企业、进口企业，应当向国务院安监部门负责危险化学品登记的机构（以下简称危险化学品登记机构）办理危险化学品登记。

本案中，上诉人自认被上诉人某区应急管理局在现场检查中所涉及的环氧地坪稀料A属危险化学品，根据上述规定，如上诉人生产环氧地坪稀料A并销售，应取得生产范围包括环氧地坪稀料A的危险化学品生产许可证并办理危险化学品登记，如上诉人仅是经营环氧地坪稀料A，则应取得经营范围包括环氧地坪稀料A的危险化学品经营许可证。但是，上诉人的《营业执照（副本）》、《安全生产许可证（副本）》和《危险化学品登记证》中均没有许可生产环氧地坪稀料A的记载，向被上诉人某区应急管理局提交的《化学品安全技术说明书》和化工行业标准均是关某某《安全生产许可证（副本）》中许可生产的危险化学品的，并未提交环氧地坪稀料A的《化学品安全技术说明书》和化工行业标准，根据上述证据可以认定，上诉人未取得生产环氧地坪稀料A的许可。同时，在未取得生产许可的情况下，上诉人亦未提交证据证明其取得了经营环氧地坪稀料A的许可。被上诉人某区应急管理局在涉案行政处罚决定中认定上诉人存在“未取得危险化学品（稀释剂）经营许可证从事危险化学品经营”的违法行为并无不当。

综上，原审法院认定事实基本清楚，适用法律正确，审判程序合法，裁判结果正确，二审法院对原审判决应予维持。

● *相关规定*

《刑法》第136条；《危险化学品安全管理条例》第77条；《最高人民检察院、公安部关于公安机关管辖的刑事案件立案追诉标准的规定（一）》第12条

第一百零一条 【生产经营单位危险物品违法】生产经营单位有下列行为之一的，责令限期改正，处十万元以下的罚款；逾期未改正的，责令停产停业整顿，并处十万元以上二十万元以下的罚款，对其直接负责的主管人员和其他直接责任人员处二万元以上五万元以下的罚款；构成犯罪的，依照刑法有关规定追究刑事责任：

（一）生产、经营、运输、储存、使用危险物品或者处置废弃危险物品，未建立专门安全管理制度、未采取可靠的安全措施的；

（二）对重大危险源未登记建档，未进行定期检测、评估、监控，未制定应急预案，或者未告知应急措施的；

（三）进行爆破、吊装、动火、临时用电以及国务院应急管理部门会同国务院有关部门规定的其他危险作业，未安排专门人员进行现场安全管理的；

（四）未建立安全风险分级管控制度或者未按照安全风险分级采取相应管控措施的；

（五）未建立事故隐患排查治理制度，或者重大事故隐患排查治理情况未按照规定报告的。

条文注释

这里所称追究刑事责任，主要是指刑法第一百三十六条规定的危险物品肇事罪。

案例 29

马某诉某市应急管理局行政处罚案［山西省大同市中级人民法院（2021）晋02行终2号］

某市党政机关机构改革时，整合原市安监局安全生产综合监督等部门成立某市应急管理局，负责监督管理该市安全生产工作。2019年4月12日，被告该市应急管理局监管四科行政执法人员对晋宁肉类加工公司进行现场监督检查时，发现该公司存在未按规定建立危险物品使用安全管理制度，当即向该公司送达责令限期整改指令书。2019年4月15日，晋宁肉类加工公司与安康公司签订技术服务合同一份，双方约定，晋宁肉类加工公司委托该公司以1.5万元的价格为公司编制危险物品使用安全管理制度和应急预案等，之后双方未履行合同。2019年4月23日，黎某华、马某分别以晋宁肉类加工公司主要负责人、分管安全工程负责人身份接受被告执法人员的询问，二人均称公司有危险物品使用安全管理制度。2019年4月26日，被告执法人员对该公司进行复查时，发现该公司仍未按照指令要求整改存在的违法行为，当即向该公司送达整改复查意见书，黎某华、马某作为被检查单位负责人在意见书上签名。2019年5月10日，黎某华、马某接受被告执法人员的询问时称公司有危险物品使用安全管理制度，由马某制定、黎某华审核，并向被告提供了《危险化学品安全管理制度》复印件。被告审查该件，发现列明危险化学品按“集团公司—铜城建设公司—各分公司”三级分工监控等内容，没有涉及有关液氨的安全生产，与该公司明显不符。被告于2019年6月27日作出行政处罚决定，原告不服提起本案诉讼。

一审法院认为，根据《中华人民共和国安全生产法》第九条的规定，国务院安全生产监督管理部门依照本法，对全国安全生产工作实施综合监督管理；县级以上地方各级人民政府安全生产监督管理部门依照本法，对本行政区域内安全生产工作实施综合监督管理。本案中被告某市应急管理局是该市安全生产监督管理部门，有权对该市内安全生产工作实施综合监督管理，系本案合法、适格的行政主体。《中华人民共和国安全生产法》第九十八条规定，生产经营单位有下列行为之一的，责令限期改正，可以处十万元以下的罚款；逾期未改正的，责令停产停业整顿，并处十万元以上二十万元以下的罚款，对其直接负责的主管人员和其他直接责任人员处二万元以上五万元以下的罚款；构成犯罪的，依照刑法有关规定追究刑事责任：（一）生产、经营、运输、储存、使用危险物品或者处置废弃危险物品，未建立专门安全管理制度、未采取可靠的安全措施的……本案中，根据被告举证的现场检查记录、整改复查意见书、询问笔录等证据，能够认定原告是晋宁肉类加工公司安全管理的直接责任人员，晋宁肉类加工公司属生产、经营、运输、储存、使用危险物品的企业，未建立专门安全管理制度。

马某不服，提起上诉。

二审法院认为，《中华人民共和国安全生产法》第三十六条第二款规定，生产经营单位生产、经营、运输、储存、使用危险物品或者处置废弃危险物品，必须执行有关法律、法规和国家标准或者行业标准，建立专门的安全管理制度，采取可靠的安全措施，接受有关主管部门依法实施的监督管理。第九十八条规定，生产经营单位有下列行为之一的，责令限期改正，可以处十万元以下的罚款；逾期未改正的，责令停产停业整顿，并处十万元以上二十万元以下的罚款，对其直接负责的主管人员和其他直接责任人员处二万元以上五万元以下的罚款；构成犯罪的，依照刑法有关规定追究刑事责任：（一）生产、经营、运输、储存、使用危险物品或者处置废弃危险物品，未建立专门安全管理制度、未采取可靠的安全措施的……本案中，被上诉人执法人员在对晋宁肉类加工有限公司检查时，发现其使用的液氨构成重大危险源，未建立危险品使用管理制度，并作出《责令限期整改指令书》，要求晋宁肉类加工公司限期整改。在整改期限内，该公司仍未按照规定建立危险品安全管理制度。

上诉人马某作为晋宁肉类加工公司的安全管理员，在企业安全管理机构担任副组长，并于2017年9月15日取得了生产经营单位安全管理人员合格证，且在被上诉人对其进行询问时，也承认是晋宁肉类加工公司的安全生产管理人员分管安全，属于对安全生产负有直接责任的人员。被上诉人在法律规定的处罚幅度内，对上诉人作出罚款处罚，并无不当。

第一百零二条　【消除事故隐患的责任】 生产经营单位未采取措施消除事故隐患的，责令立即消除或者限期消除，处五万元以下的罚款；生产经营单位拒不执行的，责令停产停业整顿，对其直接负责的主管人员和其他直接责任人员处五万元以上十万元以下的罚款；构成犯罪的，依照刑法有关规定追究刑事责任。

条文注释

这里需要注意的是罚款计数规则，同时注意与本法第九十五条按收入比例计算的规则加以区别。

案例30

某县应急管理局、天星公司行政纠纷案［湖北省荆州市中级人民法院（2019）鄂10行终84号］

2017年2月，原告因仓储输粮设备需改造，故将该改造事项交由潘某超完成。同年2月27日11时，潘某超与其所雇用的负责人黄某共同在原告车间做相关工作，黄某在做工时不幸身亡。2018年2月14日，被告制作了行政处罚决定书，决定给予原告处20万元的行政处罚。后原告不服，向法院提起诉讼，要求判决撤销该处罚决定。

另认定，根据2019年3月16日公布的某县机构改革的实施意见，某县安全生产监督管理局不再保留，新组建成立某县应急管理局；2019年6月18日，中共某县委机构编制委员会办公室给该局颁发了统一社会信用代码证书，负责人代某士为原某县安全质量监督管理局局长。

一审法院认为，根据原、被告双方的诉请和答辩，本案的争议焦点是被告某县应急管理局于2018年2月14日作出的行政处罚决定书的程序是否合法、内容是否合法。

关于涉案的行政处罚决定书的程序是否合法。被告制作的（江）安监罚〔2018〕3号行政处罚决定书根据三组证据，确认原告违反了《中华人民共和国安全生产法》第三十八条第一款的规定，故根据该法第一百零九条第一项的规定，决定给予原告处人民币20万元罚款的行政处罚。而该法第三十八条第一款规定："生产经营单位应当建立健全生产安全事故隐患排查治理制度，采取技术、管理措施，及时发现并消除事故隐患。事故隐患排查治理情况应当如实记录，并向从业人员通报。"第一百零九条第一项规定："发生生产安全事故，对负有责任的生产经营单位除要求其依法承担相应的赔偿等责任外，由安全生产监督管理部门依照下列规定处以罚款：（一）发生一般事故的，处二十万元以上五十万元以下的罚款……”可见，第三十八条第一款是属于安全生产的监督管理方面的法条，而第一百零九条第一项是属于该法第六章法律责任方面关于发生生产安全事故后应该处罚的法条，很显然，法条的援引不恰当；即使按照被告认定原告违反了第三十八条第一款的规定，那么要给予原告处罚，亦应当引用该法第九十九条，该条规定：“生产经营单位未采取措施消除事故隐患的，责令立即消除或者限期消除；生产经营单位拒不执行的，责令停产停业整顿，并处十万元以上五十万元以下的罚款……”所以，被告在对原告给予行政处罚决定时，适用法律错误。综上，被告在对原告作出行政处罚决定时，程序错误。该县应急管理局不服，提起上诉。

二审法院认为，从一审查明的事实来看，上诉人处罚被上诉人，是因为被上诉人在生产经营过程中发生了安全生产事故，而被上诉人对事故的发生负有责任，应适用《中华人民共和国安全生产法》第一百零九条第一项之规定对被上诉人进行行政处罚。上诉人作出的行政处罚决定适用法律不当、处罚内容不当，提交的证据不足以证明其行政处罚决定合法，故一审法院将其行政处罚决定予以撤销，并无不当，法院予以支持。遂判决驳回上诉，维持原判。

第一百零三条　【生产经营单位违法发包、出租的法律责任】 生产经营单位将生产经营项目、场所、设备发包或者出租给不具备安全生产条件或者相应资质的单位或者个人的，责令限期改正，没收违法所得；违法所得十万元以上的，并处违法所得二倍以上五倍以下的罚款；没有违法所得或者违法所得不足十万元的，单处或者并处十万元以上二十万元以下的罚款；对其直接负责的主管人员和其他直接责任人员处一万元以上二万元以下的罚款；导致发生生产安全事故给他人造成损害的，与承包方、承租方承担连带赔偿责任。

生产经营单位未与承包单位、承租单位签订专门的安全生产管理协议或者未在承包合同、租赁合同中明确各自的安全生产管理职责，或者未对承包单位、承租单位的安全生产统一协调、管理的，责令限期改正，处五万元以下的罚款，对其直接负责的主管人员和其他直接责任人员处一万元以下的罚款；逾期未改正的，责令停产停业整顿。

矿山、金属冶炼建设项目和用于生产、储存、装卸危险物品的建设项目的施工单位未按照规定对施工项目进行安全管理的，责令限期改正，处十万元以下的罚款，对其直接负责的主管人员和其他直接责任人员处二万元以下的罚款；逾期未改正的，责令停产停业整顿。以上施工单位倒卖、出租、出借、挂靠或者以其他形式非法转让施工资质的，责令停产停业整顿，吊销资质证书，没收违法所得；违法所得十万元以上的，并处违法所得二倍以上五倍以下的罚款，没有违法所得或者违法所得不足十万元的，单处或者并处十万元以上二十万元以下的罚款；对其直接负责的主管人员和其他直接责任人员处五万元以上十万元以下的罚款；构成犯罪的，依照刑法有关规定追究刑事责任。

案例31

致真餐饮公司诉某区安全生产监督管理局、某市安全生产监督管理局行政处罚决定及行政复议决定案①（上海市第三中级人民法院）

致真公司由致真公司投资设立。2016年2月，致真公司与悦宜公司口头约定，将位于万都中心大厦二楼致真酒家餐饮设施设备拆除项目发包给悦宜公司。双方未签订书面施工合同和安全生产协议，悦宜公司向致真公司出具《拆除工程报价单》，嗣后悦宜公司进场施工。同年2月24日，悦宜公司与万某某达成口头约定，由万某某负责致真酒家场地内通风管道的拆除。次日上午，万某某与张某某等人来到致真酒家，共同

① 上海行政审判十大典型案例（2017年）之九。

对通风管道进行拆除作业。当天下午，张某某在作业时发生意外，后经抢救无效死亡。事故发生后，某市安监局牵头，会同某市某区监察局、某市某区总工会、上海市公安局某分局、上海市某区人民政府虹桥街道办事处并邀请上海市某区人民检察院组成事故调查组，经现场勘查、调查取证，于2016年3月30日形成《上海悦宜公司"2·25"高处坠落死亡事故调查报告》，其中认定致真公司未经审核，违法将施工项目发包给不具备安全生产条件的作业单位，对事故发生负有次要责任，建议该市安监局给予行政处罚。同年4月11日，该市安监局对致真公司涉嫌违法行为进行立案。经处罚前告知程序、举行听证会，于同年7月8日作出《行政处罚决定书》，决定给予致真公司罚款10万元。致真公司不服，向该市安监局申请行政复议未果后诉至法院，请求判决撤销上述行政处罚决定及行政复议决定。

上海铁路运输法院一审认为：致真公司拆除餐饮设施设备系该公司终止餐饮服务业务后必要的收尾性活动，应当将其理解为该公司的生产经营项目。致真公司在选择项目承包对象时，违法将项目发包给悦宜公司，违反了安全生产法第四十六条第一款的规定，故该市安监局作出被诉处罚决定，认定事实清楚，适用法律正确，处罚幅度适当。市安监局作出的被诉复议决定经审查，亦无不当。故判决驳回致真公司的诉讼请求。致真公司不服，提起上诉。

上海市第三中级人民法院二审认为，致真公司终止餐饮服务业务后拆除设备、拆除装潢作业理应属于生产经营项目。涉案拆除设备、拆除装潢作业涉及登高作业，属于特种作业的范畴，悦宜公司临时召集的操作人员既未取得国家规定的特种作业证件，现场也无应有的安全设施设备，不能称为具备应有的安全生产条件。从安全生产法第四十六条、第一百条的立法本意而言，致真公司将其生产经营项目对外发包，未选择具有安全生产条件和资质的企业承包，未建立安全生产制度进行督促与管理，是造成涉案生产安全事故的原因之一。综上，该市安监局据此按照安全生产法第一百条第一款的规定，对其作出的行政处罚正确。一审判决应予维持，故判决驳回致真公司的上诉。

本案的典型意义在于：法院通过对安全生产法第四十六条及第一百

条规定的全面阐述与适用，查明原告存在发包过程中未对承包方尽到审查责任，忽视承包企业应具备的安全生产条件与资质，且未签订安全生产协议等情形，故原告应对安全事故的发生承担相应责任。一、二审法院案件审理过程中明确了相关法律适用规则，深度剖析了案件争议焦点，特别是对于“生产经营项目”以及“不具备安全生产条件”这两个概念理解的阐述，对生产经营企业深层次理解安全责任，全面重视安全生产的监督与管理具有现实意义。

相关案例索引

张某兵与某市某区人力资源和社会保障局工伤认定行政上诉案（2014 年 8 月 21 日《最高人民法院发布的四起工伤保险行政纠纷典型案例》）

本案要点

根据劳社部发〔2005〕12 号《劳动和社会保障部关于确立劳动关系有关事项的通知》第四条之规定，建筑施工、矿山企业等用人单位将工程（业务）或经营权发包给不具备用工主体资格的组织或自然人，对该组织或自然人招用的劳动者，由具备用工主体资格的发包方承担用工主体责任。

● ***相关规定***

《建筑法》第 65 条、第 67 条

第一百零四条　【同一作业区域内违法行为的法律责任】两个以上生产经营单位在同一作业区域内进行可能危及对方安全生产的生产经营活动，未签订安全生产管理协议或者未指定专职安全生产管理人员进行安全检查与协调的，责令限期改正，处五万元以下的罚款，对其直接负责的主管人员和其他直接责任人员处一万元以下的罚款；逾期未改正的，责令停产停业。

第一百零五条　【生产经营场所和员工宿舍不符合有关安全要求的法律责任】生产经营单位有下列行为之一的，责令限期改正，处五万元以下的罚款，对其直接负责的主管人员和其他直接责任人员处一万元以下的罚款；逾期未改正的，责令停产停业整顿；构成犯罪的，依照刑法有关规定追究刑事责任：

（一）生产、经营、储存、使用危险物品的车间、商店、仓库与员工宿舍在同一座建筑内，或者与员工宿舍的距离不符合安全要求的；

（二）生产经营场所和员工宿舍未设有符合紧急疏散需要、标志明显、保持畅通的出口、疏散通道，或者占用、锁闭、封堵生产经营场所或者员工宿舍出口、疏散通道的。

条文注释

本法第一百零一条至本条，将“可以处”的表述改为“处”，删除了“可以”二字，避免理解为“可以处”，也可以不处。

第二项则增加了设置疏散通道的要求。一方面，可以与正常出入口共同配合，加快人员疏散，避免人员财产损失；另一方面，再次体现了预防为主的方针，因为一旦正常出口堵塞，若未设置疏散通道，人员无法撤离，救援人员也无法立刻进入，给救援增加困难。

案例 32

高某善、某市安全生产监督管理局行政纠纷案［山东省青岛市中级人民法院（2018）鲁02行终154号］

2016年11月3日，被告某市安全生产监督管理局对原告公司进行执法检查时，发现原告公司存在3项违法行为：（1）电焊工徐某某、杜某某未按照规定经专门的安全作业培训并取得相应资格，上岗作业；（2）未在有较大危险因素的行车（8部）、开式双柱固定台压力机上设置明显的安全警示标志；（3）生产经营场所未设有符合紧急疏散需要、标志明显、保持畅通的出口。被告当场给原告下达了《责令限期整改指令书》。2016年11月15日，被告到原告单位给送达的《行政处罚告知书》，认为原告单位存在的第3项问题“生产经营场所未设有符合紧急疏散需要、标志明显、保持畅通的出口”违反了《中华人民共和国安全生产法》第三十九条第二款的规定，依据《中华人民共和国安全生产法》第一百零二条第二项的规定，决定给予原告3000元罚款的行政处罚，原告不服，向法院提起行政诉讼。

原审法院认为，本案争议焦点是被告作出的（胶）安监管罚（2016）120－1号行政处罚决定是否合法。《中华人民共和国安全生产法》第一百零二条规定：“生产经营单位有下列行为之一的，责令限期改正，可以处五万元以下的罚款，对其直接负责的主管人员和其他直接责任人员可以处一万元以下的罚款；逾期未改正的，责令停产停业整顿；构成犯罪的，依照刑法有关规定追究刑事责任……（二）生产经营场所和员工宿舍未设有符合紧急疏散需要、标志明显、保持畅通的出口，或者锁闭、封堵生产经营场所或者员工宿舍出口的。”本案中，从被告提交的证据8执法视频中可以看出2016年11月3日，被告对原告单位初次检查时原告厂房中应急疏散出口未设应急灯、应急疏散通道缺少应急疏散箭头、应急疏散通道堆放杂物、厂房轨道穿过应急疏散通道、部分出口未打开，以上行为不符合“生产经营场所需设有符合紧急疏散需要，标志明显、保持畅通的出口”的要求，违反了《中华人民共和国安全生产法》的规定。虽然被告未按照其作出的《责令限期整改指令书》中所记载的时间对原告单位进行复查，但并不影响其对初次检查时发现原告单位存在的违法行为对原告进行处罚，若被告对原告单位进行复查时发现原告单位逾期未整改，根据《中华人民共和国安全生产法》第一百零二条之规定，被告将责令原告单位停产停业整顿。综上，被告某市安全生产监督管理局作出行政处罚决定认定事实清楚，适用法律正确，程序合法，自由裁量适当。

高某善不服原审判决，提起上诉。

二审法院认为，《中华人民共和国安全生产法》第三十九第二款规定，生产经营场所和员工宿舍应当设有符合紧急疏散要求、标志明显、保持畅通的出口。禁止锁闭、封堵生产经营场所或者员工宿舍的出口。第一百零二条规定，生产经营单位有下列行为之一的，责令限期改正，可以处五万元以下的罚款，对其直接负责的主管人员和其他直接责任人员可以处一万元以下的罚款；逾期未改正的，责令停产停业整顿；构成犯罪的，依照刑法有关规定追究刑事责任……（二）生产经营场所和员工宿舍未设有符合紧急疏散需要、标志明显、保持畅通的出口，或者锁闭、封堵生产经营场所或者员工宿舍出口的。《某市安全生产监督管理局安全生产行政处罚裁量基准》规定，生产经营场所和员工宿舍未设有符合紧急疏散需要、标志明显、保持畅通的出口，或者锁闭、封堵生产经营场所或者员工宿舍出口的……（三）裁量标准：1. 轻微：(1) 违法情形：有1－2处生产经营场所或员工宿舍未设有符合紧急疏散需要、标志明显、保持畅通的出口。(2) 处罚依据：责令限期改正，可以处1万元的罚款，对其直接负责的主管人员和其他直接责任人员可以处0.3万元的罚款。本案中，上诉人高某善系九鼎立公司法定代表人、总经理。被上诉人在对上诉人经营的九鼎立公司执法检查时，发现该公司生产车间内未设有符合紧急疏散需要、标志明显、保持畅通的出口，部分通道还被其他物品封堵，认定该生产经营单位违反上述《中华人民共和国安全生产法》第一百零二条第二项的规定，但因其违法情节轻微，即依照上述有关规定对作为公司负责人的上诉人处以3000元的罚款，于法有据，量罚适当。

综上，原审判决认定事实清楚，适用法律正确，审判程序合法。判决驳回上诉，维持原判。

第一百零六条　【免责协议违法】生产经营单位与从业人员订立协议，免除或者减轻其对从业人员因生产安全事故伤亡依法应承担的责任的，该协议无效；对生产经营单位的主要负责人、个人经营的投资人处二万元以上十万元以下的罚款。

● ***相关规定***

《安全生产违法行为行政处罚办法》第46条

第一百零七条　【从业人员违章操作的法律责任】生产经营单位的从业人员不落实岗位安全责任，不服从管理，违反安全生产规章制度或者操作规程的，由生产经营单位给予批评教育，依照有关规章制度给予处分；构成犯罪的，依照刑法有关规定追究刑事责任。

● ***相关规定***

《刑法》第134条；《最高人民检察院、公安部关于公安机关管辖的刑事案件立案追诉标准的规定（一）》第8条

第一百零八条　【拒绝、阻碍监督检查的责任】 违反本法规定，生产经营单位拒绝、阻碍负有安全生产监督管理职责的部门依法实施监督检查的，责令改正；拒不改正的，处二万元以上二十万元以下的罚款；对其直接负责的主管人员和其他直接责任人员处一万元以上二万元以下的罚款；构成犯罪的，依照刑法有关规定追究刑事责任。

条文注释

这里需要注意，行为人明知对方是正在依法执行公务的工作人员而对其实施暴力或者威胁，目的是阻碍其依法执行公务。如果行为人不知道对方是在依法执行职务的国家工作人员，而实施了上述行为，不构成刑法第二百七十七条妨害公务罪，而可能构成其他犯罪。

● ***相关规定***

《刑法》第277条；《治安管理处罚法》第50条

第一百零九条　【强制投保安全生产责任保险】 高危行业、领域的生产经营单位未按照国家规定投保安全生产责任保险的，责令限期改正，处五万元以上十万元以下的罚款；逾期未改正的，处十万元以上二十万元以下的罚款。

第一百一十条　【单位负责人事故处理违法】 生产经营单位的主要负责人在本单位发生生产安全事故时，不立即组织抢救或者在事故调查处理期间擅离职守或者逃匿的，给予降级、撤职的

处分，并由应急管理部门处上一年年收入百分之六十至百分之一百的罚款；对逃匿的处十五日以下拘留；构成犯罪的，依照刑法有关规定追究刑事责任。

生产经营单位的主要负责人对生产安全事故隐瞒不报、谎报或者迟报的，依照前款规定处罚。

第一百一十一条　【政府部门事故处理违法】有关地方人民政府、负有安全生产监督管理职责的部门，对生产安全事故隐瞒不报、谎报或者迟报的，对直接负责的主管人员和其他直接责任人员依法给予处分；构成犯罪的，依照刑法有关规定追究刑事责任。

条文注释

这里所称构成犯罪的，主要指构成刑法第三百九十七条规定的国家工作人员滥用职权、玩忽职守罪。至于对罪与非罪的判断，要把握客观上产生了公共财产、国家和人民利益重大损失的严重后果。

第一百一十二条　【按日处罚规则】生产经营单位违反本法规定，被责令改正且受到罚款处罚，拒不改正的，负有安全生产监督管理职责的部门可以自作出责令改正之日的次日起，按照原处罚数额按日连续处罚。

第一百一十三条　【对事故责任单位的处罚情形】生产经营单位存在下列情形之一的，负有安全生产监督管理职责的部门应当提请地方人民政府予以关闭，有关部门应当依法吊销其有关证照。生产经营单位主要负责人五年内不得担任任何生产经营单位的主要负责人；情节严重的，终身不得担任本行业生产经营单位的主要负责人：

（一）存在重大事故隐患，一百八十日内三次或者一年内四次受到本法规定的行政处罚的；

（二）经停产停业整顿，仍不具备法律、行政法规和国家标准或者行业标准规定的安全生产条件的；

（三）不具备法律、行政法规和国家标准或者行业标准规定的安全生产条件，导致发生重大、特别重大生产安全事故的；

（四）拒不执行负有安全生产监督管理职责的部门作出的停产停业整顿决定的。

条文注释

本条所称“吊销其有关证照”，是指有关行政执法机关依法取消生产经营单位从事生产经营活动的合法凭证，如营业执照、采矿许可证、危险化学品经营许可证。

本条修改的重点在于细化规定，新增四项对相关安全生产违法行为的处罚内容。

第一百一十四条　【对事故责任单位的分级处罚】发生生产安全事故，对负有责任的生产经营单位除要求其依法承担相应的赔偿等责任外，由应急管理部门依照下列规定处以罚款：

（一）发生一般事故的，处三十万元以上一百万元以下的罚款；

（二）发生较大事故的，处一百万元以上二百万元以下的罚款；

（三）发生重大事故的，处二百万元以上一千万元以下的罚款；

（四）发生特别重大事故的，处一千万元以上二千万元以下的罚款。

发生生产安全事故，情节特别严重、影响特别恶劣的，应急管理部门可以按照前款罚款数额的二倍以上五倍以下对负有责任的生产经营单位处以罚款。

条文注释

本条第一款与本法第九十五条规定的处罚决定机关是应急管理部门，这是本法关于处罚决定机关的专门规定。

本条第二款为新增规定。规定了对事故情节严重、社会影响恶劣，对生产经营单位加重处罚规则。

● ***相关规定***

《生产安全事故报告和调查处理条例》第 37 条

第一百一十五条　【行政处罚】 本法规定的行政处罚，由应急管理部门和其他负有安全生产监督管理职责的部门按照职责分工决定；其中，根据本法第九十五条、第一百一十条、第一百一十四条的规定应当给予民航、铁路、电力行业的生产经营单位及其主要负责人行政处罚的，也可以由主管的负有安全生产监督管理职责的部门进行处罚。予以关闭的行政处罚，由负有安全生产监督管理职责的部门报请县级以上人民政府按照国务院规定的权限决定；给予拘留的行政处罚，由公安机关依照治安管理处罚的规定决定。

条文注释

本条新增关于应急管理部门和其他安全生产监督管理部门的具体职责划分。需要注意的是，这里的“也可以”，是选择适用的。而这一选择是对行政处罚决定主体的选择，而非对行政处罚内容的选择。

● ***相关规定***

《治安管理处罚法》

第一百一十六条　【赔偿责任】生产经营单位发生生产安全事故造成人员伤亡、他人财产损失的，应当依法承担赔偿责任；拒不承担或者其负责人逃匿的，由人民法院依法强制执行。

生产安全事故的责任人未依法承担赔偿责任，经人民法院依法采取执行措施后，仍不能对受害人给予足额赔偿的，应当继续履行赔偿义务；受害人发现责任人有其他财产的，可以随时请求人民法院执行。

条文注释

这里需要注意的是，这里的赔偿责任属于原则性规定，还应当适用民法典总则编、侵权责任编的相关条款解决纠纷。对于采取执行措施后，仍不能赔偿的，注意与民事诉讼法有关执行的规定相衔接。

案例33

郑某平、邓某英生命权、健康权、身体权纠纷案［湖北省宜昌市中级人民法院（2020）鄂05民终971号］

2018年6月6日8时许，郑某平驾驶无号牌斯太尔重型自卸车，在位于猇亭××××组的三峡机场改扩建施工场地内进行土石方转运。在等待前面车辆装土时，余某芬丈夫驾驶摩托车载余某芬从该处路段同向行驶。在经过施工路段时，因路段狭窄，余某芬下车行走，走到郑某平车右前方时，被郑某平刚启动的重型自卸车撞倒。余某芬被右前轮碾压后，又受到右后轮碾压，双腿膝盖处被碾压粉碎。某区安全生产监督管理局作为辖区安全生产主管部门也介入事故调查处置，并将案涉损害事故定性为一般车辆伤害事故。

案涉肇事车辆系郑某平的父母郑某国、邓某英购买，购买后一直请人开车，郑某平取得驾照后，由其驾驶。该车辆案涉事故发生于宜昌三峡机场改扩建项目施工中，由中铁十二局项目施工总承包。2019年1月

30日，某市某区案涉街道办事处矛盾纠纷排查调处中心组织余某芬与中铁十二局签订《人民调解协议书》，达成调解协议，约定：不含已经支付的医疗费用，中铁十二局承担70%赔偿责任，赔偿余某芬各项损失128万元，在2019年12月31日前分期付清，逾期支付10万元违约金；双方达成的调解协议不影响余某芬对肇事车主及司机追索；协议签订后余某芬不再向工程的发包方、总包方及分包方（肇事车主及司机除外）主张权利；判决书对赔偿项目、数额及责任分担的认定，不改变双方协商内容；中铁十二局的实际赔偿款如果超过法定数额，超过部分作为对余某芬的人性化补偿，不冲减肇事方的赔偿份额及数额，如果低于法定赔偿数额，余某芬放弃追索。中铁十二局依照约定履行，除支付了医疗费206880.98元外，已支付了赔偿款66.8万元（合计已付款874880.98元），尚有约定付款日期为2019年12月31日的赔偿款61.2万元未支付。

一审法院认为，公民的健康权受国家法律保护。在负有安全生产义务的生产经营作业区域因机动车造成损害的，应依照安全生产法、道路交通安全法、侵权责任法的有关规定承担赔偿责任。本案的争议焦点之一是赔偿责任的确定。

1. 案件性质认定。本案事故发生于当事人穿行在本应完全封闭但未完全封闭的尚用于部分居民通行的位于施工区域内的乡村道路过程中被施工工程车碾压所致，既有安全生产企业中铁十二局和永烨公司未履职到位，也有肇事工程车司机郑某平驾车疏于观察未注意行车安全，还有行人余某芬在行走过程中未注意与车辆保持安全距离的原因，系各方当事人混合过错所致，本案既涉及安全生产事故，也涉及交通事故。安全生产法作为行政管理法规，规定了责任主体承担责任的方式既有行政责任，也有民事责任或者刑事责任，辖区安监部门就案涉事故开展调查，履行行政管理职责并无不当，不能因此得出本案仅为安全生产事故的结论。法律允许因事故受损的当事人依民事法律主张赔偿，本案依安全生产法规追究相关违法主体责任与依法追究相关侵权主体民事赔偿责任并行不悖。因此，本案余某芬以生命权、健康权、身体权纠纷为由提起民事诉讼，于法有据，并无不妥。一审法院对永烨公司关于本案应为交通事故责任纠纷及郑某平、邓某英、郑某国关于本案应为安全生产事故责任纠纷的辩解意见不予采纳。

2. 过错认定。余某芬同时起诉了多个侵权人，则本案赔偿责任应依照安全生产法和相关规定由安全生产事故中的责任单位和责任人即侵权责任法中的侵权人予以赔偿。根据辖区交警部门及安监部门在事发后所作的现场勘验记录及对各方当事人调查询问笔录以及经本案开庭审理查明的事实，案涉事故发生区域工程施工总承包方中铁十二局、施工现场分包方永烨公司明知案涉场地内原有道路常有附近居民通过，如未封闭施工现场极易引发人身损害事故，却既未及时封闭施工现场而有大型机械设备、重型货车进场施工，又未在施工现场安排相关人员及时有效提示、指挥相关施工车辆和穿行居民，两公司的过错是造成案涉事故的重要原因，应承担事故75%责任。肇事司机郑某平明知施工现场未完全封闭有时会有少量行人通行而驾车疏于观察是造成案涉事故的直接原因，结合一审法院向交警部门了解到对于主要在施工现场内运行而基本不上路通行的施工车辆的管理有别于普通机动车，可不办理号牌、未要求投保交强险的实际现状，一审法院认定郑某平承担事故15%责任。余某芬自身明知通行案涉路段有安全风险而未尽安全注意义务，未与肇事车辆保持安全距离通过，也是次要因素，余某芬自身亦有过错，应承担事故10%责任。

3. 损失承担。案涉事故中虽多个当事人均有过错，但并非共同实施侵权行为，而是其分别实施的数个行为间接结合发生的同一损害后果，依法应根据过失大小或者原因力比例各自承担相应的赔偿责任，各责任主体不应承担连带责任。综上，一审法院判决中铁十二局在2019年12月31日前向余某芬赔付余款612000元，逾期，还应向余某芬支付违约金10万元。

二审法院认为，《中华人民共和国侵权责任法》第一条规定："为保护民事主体的合法权益，明确侵权责任，预防并制裁侵权行为，促进社会和谐稳定，制定本法。"《中华人民共和国安全生产法》第二条规定："在中华人民共和国领域内从事生产经营活动的单位（以下统称生产经营单位）的安全生产，适用本法……"第一百一十一条第一款规定："生产经营单位发生生产安全事故造成人员伤亡、他人财产损失的，应当依法承担赔偿责任……”依照前述规定，根据体系解释的原则，《中华人民共和国安全生产法》第一百一十一条第一款中的“依法”应当理解为“依照《中华人民共和国侵权责任法》”。也就是说，是否因安全生产事故造成受害人人身伤亡、财产损失等，均应依照《中华人民共和国侵权责任法》的规定，确定责任类型、责任主体、责任构成和责任方式等。郑某平等关于本案系安全生产事故，应当由负有安全生产责任的单位承担责任，其作为直接侵权人不承担责任的上诉理由没有法律依据，法院不予支持。

郑某平驾驶的车辆虽系特种作业的机动车，但其是在行驶的过程中撞倒并碾伤余某芬，《中华人民共和国侵权责任法》第四十八条规定，机动车发生交通事故造成损害的，依照道路交通安全法的有关规定承担赔偿责任。《最高人民法院关于审理道路交通事故损害赔偿案件适用法律若干问题的解释》第二十八条规定，机动车在道路以外的地方通行时引发的损害赔偿案件，可以参照适用本解释的规定。依照上述规定，一审适用侵权责任法与道路交通安全法并无不当，法院予以支持。案涉工地上虽有安全员，但该安全员不是专为郑某平配置，事实上也不可能专门为郑某平配备一个安全员。郑某平以没有安全员指令为由，主张其没有过错，不承担赔偿责任，没有法律依据与事实依据，法院不予支持。

综上所述，二审法院认为一审判决认定事实清楚，适用法律正确，应予维持，遂驳回上诉，维持原判。

● ***相关规定***

《民事诉讼法》执行程序

第七章　附　　则

第一百一十七条　【用语解释】本法下列用语的含义：

危险物品，是指易燃易爆物品、危险化学品、放射性物品等能够危及人身安全和财产安全的物品。

重大危险源，是指长期地或者临时地生产、搬运、使用或者储存危险物品，且危险物品的数量等于或者超过临界量的单元（包括场所和设施）。

第一百一十八条　【重大事故及隐患的划分及判定标准】 本法规定的生产安全一般事故、较大事故、重大事故、特别重大事故的划分标准由国务院规定。

国务院应急管理部门和其他负有安全生产监督管理职责的部门应当根据各自的职责分工，制定相关行业、领域重大危险源的辨识标准和重大事故隐患的判定标准。

条文注释

关于生产安全生产事故的分类，《生产安全事故报告和调查处理条例》第三条规定，根据生产安全事故（以下简称事故）造成的人员伤亡或者直接经济损失，事故一般分为以下等级：

（1）特别重大事故，是指造成30人以上死亡，或者100人以上重伤（包括急性工业中毒，下同），或者1亿元以上直接经济损失的事故；

（2）重大事故，是指造成10人以上30人以下死亡，或者50人以上100人以下重伤，或者5000万元以上1亿元以下直接经济损失的事故；

（3）较大事故，是指造成3人以上10人以下死亡，或者10人以上50人以下重伤，或者1000万元以上5000万元以下直接经济损失的事故；

（4）一般事故，是指造成3人以下死亡，或者10人以下重伤，或者1000万元以下直接经济损失的事故。

第一百一十九条　【生效日期】 本法自2002年11月1日起施行。

附录一

全国人民代表大会常务委员会关于修改《中华人民共和国安全生产法》的决定

（2021年6月10日第十三届全国人民代表大会常务委员会第二十九次会议通过）

第十三届全国人民代表大会常务委员会第二十九次会议决定对《中华人民共和国安全生产法》作如下修改：

一、将第三条修改为：“安全生产工作坚持中国共产党的领导。

“安全生产工作应当以人为本，坚持人民至上、生命至上，把保护人民生命安全摆在首位，树牢安全发展理念，坚持安全第一、预防为主、综合治理的方针，从源头上防范化解重大安全风险。

“安全生产工作实行管行业必须管安全、管业务必须管安全、管生产经营必须管安全，强化和落实生产经营单位主体责任与政府监管责任，建立生产经营单位负责、职工参与、政府监管、行业自律和社会监督的机制。”

二、将第四条修改为：“生产经营单位必须遵守本法和其他有关安全生产的法律、法规，加强安全生产管理，建立健全全员安全生产责任制和安全生产规章制度，加大对安全生产资金、物资、技术、人员的投入保障力度，改善安全生产条件，加强安全生产标准化、信息化建设，构建安全风险分级管控和隐患排查治理双重预防机制，健全风险防范化解机制，提高安全生产水平，确保安全生产。

“平台经济等新兴行业、领域的生产经营单位应当根据本行业、领域的特点，建立健全并落实全员安全生产责任制，加强从业人员安全生产教育和培训，履行本法和其他法律、法规规定的有关安全生产义务。”

三、将第五条修改为：“生产经营单位的主要负责人是本单位安全生产第一责任人，对本单位的安全生产工作全面负责。其他负责人对职责范围内的安全生产工作负责。”

四、将第八条改为两条，作为第八条、第九条，修改为：“第八条　国务院和县级以上地方各级人民政府应当根据国民经济和社会发展规划制定安全生产规划，并组织实施。安全生产规划应当与国土空间规划等相关规划相衔接。

“各级人民政府应当加强安全生产基础设施建设和安全生产监管能力建设，所需经费列入本级预算。

“县级以上地方各级人民政府应当组织有关部门建立完善安全风险评估与论证机制，按照安全风险管控要求，进行产业规划和空间布局，并对位置相邻、行业相近、业态相似的生产经营单位实施重大安全风险联防联控。”

“第九条　国务院和县级以上地方各级人民政府应当加强对安全生产工作的领导，建立健全安全生产工作协调机制，支持、督促各有关部门依法履行安全生产监督管理职责，及时协调、解决安全生产监督管理中存在的重大问题。

“乡镇人民政府和街道办事处，以及开发区、工业园区、港区、风景区等应当明确负责安全生产监督管理的有关工作机构及其职责，加强安全生产监管力量建设，按照职责对本行政区域或者管理区域内生产经营单位安全生产状况进行监督检查，协助人民政府有关部门或者按照授权依法履行安全生产监督管理职责。”

五、将第九条改为第十条，修改为：“国务院应急管理部门依照本法，对全国安全生产工作实施综合监督管理；县级以上地方各级人民政府应急管理部门依照本法，对本行政区域内安全生产工作实施综合监督管理。

“国务院交通运输、住房和城乡建设、水利、民航等有关部门依照本法和其他有关法律、行政法规的规定，在各自的职责范围内对有关行业、领域的安全生产工作实施监督管理；县级以上地方各级人民政府有关部门依照本法和其他有关法律、法规的规定，在各自的职责范围内对有关行业、领域的安全生产工作实施监督管理。对新兴行业、领域的安全生产监督管理职责不明确的，由县级以上地方各级人民政府按照业务相近的原则确定监督管理部门。

“应急管理部门和对有关行业、领域的安全生产工作实施监督管理的部门，统称负有安全生产监督管理职责的部门。负有安全生产监督管理职责的部门应当相互配合、齐抓共管、信息共享、资源共用，依法加强安全生产监督管理工作。”

六、增加一条，作为第十二条：“国务院有关部门按照职责分工负责安全生产强制性国家标准的项目提出、组织起草、征求意见、技术审查。国务院应急管理部门统筹提出安全生产强制性国家标准的立项计划。国务院标准化行政主管部门负责安全生产强制性国家标准的立项、编号、对外通报和授权批准发布工作。国务院标准化行政主管部门、有关部门依据法定职责对安全生产强制性国家标准的实施进行监督检查。”

七、增加一条，作为第十七条：“县级以上各级人民政府应当组织负有安全生产监督管理职责的部门依法编制安全生产权力和责任清单，公开并接受社会监督。”

八、将第十八条改为第二十一条，修改为："生产经营单位的主要负责人对本单位安全生产工作负有下列职责：

"（一）建立健全并落实本单位全员安全生产责任制，加强安全生产标准化建设；

"（二）组织制定并实施本单位安全生产规章制度和操作规程；

"（三）组织制定并实施本单位安全生产教育和培训计划；

"（四）保证本单位安全生产投入的有效实施；

"（五）组织建立并落实安全风险分级管控和隐患排查治理双重预防工作机制，督促、检查本单位的安全生产工作，及时消除生产安全事故隐患；

"（六）组织制定并实施本单位的生产安全事故应急救援预案；

"（七）及时、如实报告生产安全事故。"

九、将第二十二条改为第二十五条，修改为："生产经营单位的安全生产管理机构以及安全生产管理人员履行下列职责：

"（一）组织或者参与拟订本单位安全生产规章制度、操作规程和生产安全事故应急救援预案；

"（二）组织或者参与本单位安全生产教育和培训，如实记录安全生产教育和培训情况；

"（三）组织开展危险源辨识和评估，督促落实本单位重大危险源的安全管理措施；

"（四）组织或者参与本单位应急救援演练；

"（五）检查本单位的安全生产状况，及时排查生产安全事故隐患，提出改进安全生产管理的建议；

"（六）制止和纠正违章指挥、强令冒险作业、违反操作规程的行为；

"（七）督促落实本单位安全生产整改措施。

"生产经营单位可以设置专职安全生产分管负责人，协助本单位主要负责人履行安全生产管理职责。"

十、将第三十三条改为第三十六条，增加两款，作为第三款、第四款："生产经营单位不得关闭、破坏直接关系生产安全的监控、报警、防护、救生设备、设施，或者篡改、隐瞒、销毁其相关数据、信息。

"餐饮等行业的生产经营单位使用燃气的，应当安装可燃气体报警装置，并保障其正常使用。"

十一、将第三十七条改为第四十条，第二款修改为："生产经营单位应当按照国家有关规定将本单位重大危险源及有关安全措施、应急措施报有关地方人民政府应急管理部门和有关部门备案。有关地方人民政府应急管理部门和有关部门应当通过相关信息系统实现信息共享。”

十二、将第三十八条改为第四十一条，修改为：“生产经营单位应当建立安全风险分级管控制度，按照安全风险分级采取相应的管控措施。

“生产经营单位应当建立健全并落实生产安全事故隐患排查治理制度，采取技术、管理措施，及时发现并消除事故隐患。事故隐患排查治理情况应当如实记录，并通过职工大会或者职工代表大会、信息公示栏等方式向从业人员通报。其中，重大事故隐患排查治理情况应当及时向负有安全生产监督管理职责的部门和职工大会或者职工代表大会报告。

“县级以上地方各级人民政府负有安全生产监督管理职责的部门应当将重大事故隐患纳入相关信息系统，建立健全重大事故隐患治理督办制度，督促生产经营单位消除重大事故隐患。”

十三、将第四十一条改为第四十四条，增加一款，作为第二款：“生产经营单位应当关注从业人员的身体、心理状况和行为习惯，加强对从业人员的心理疏导、精神慰藉，严格落实岗位安全生产责任，防范从业人员行为异常导致事故发生。”

十四、将第四十六条改为第四十九条，增加一款，作为第三款：“矿山、金属冶炼建设项目和用于生产、储存、装卸危险物品的建设项目的施工单位应当加强对施工项目的安全管理，不得倒卖、出租、出借、挂靠或者以其他形式非法转让施工资质，不得将其承包的全部建设工程转包给第三人或者将其承包的全部建设工程支解以后以分包的名义分别转包给第三人，不得将工程分包给不具备相应资质条件的单位。”

十五、将第四十八条改为第五十一条，第二款修改为：“国家鼓励生产经营单位投保安全生产责任保险；属于国家规定的高危行业、领域的生产经营单位，应当投保安全生产责任保险。具体范围和实施办法由国务院应急管理部门会同国务院财政部门、国务院保险监督管理机构和相关行业主管部门制定。”

十六、将第五十三条改为第五十六条，修改为：“生产经营单位发生生产安全事故后，应当及时采取措施救治有关人员。

“因生产安全事故受到损害的从业人员，除依法享有工伤保险外，依照有关民事法律尚有获得赔偿的权利的，有权提出赔偿要求。”

十七、将第五十四条改为第五十七条，修改为：“从业人员在作业过程中，应当严格落实岗位安全责任，遵守本单位的安全生产规章制度和操作规程，服从管理，正确佩戴和使用劳动防护用品。”

十八、将第六十九条改为第七十二条，修改为：“承担安全评价、认证、检测、检验职责的机构应当具备国家规定的资质条件，并对其作出的安全评价、认证、检测、检验结果的合法性、真实性负责。资质条件由国务院应急管理部门会同国务院有关部门制定。

“承担安全评价、认证、检测、检验职责的机构应当建立并实施服务公开和报告公开制度，不得租借资质、挂靠、出具虚假报告。”

十九、将第七十条改为第七十三条，修改为：“负有安全生产监督管理职责的部门应当建立举报制度，公开举报电话、信箱或者电子邮件地址等网络举报平台，受理有关安全生产的举报；受理的举报事项经调查核实后，应当形成书面材料；需要落实整改措施的，报经有关负责人签字并督促落实。对不属于本部门职责，需要由其他有关部门进行调查处理的，转交其他有关部门处理。

“涉及人员死亡的举报事项，应当由县级以上人民政府组织核查处理。”

二十、将第七十一条改为第七十四条，增加一款，作为第二款：“因安全生产违法行为造成重大事故隐患或者导致重大事故，致使国家利益或者社会公共利益受到侵害的，人民检察院可以根据民事诉讼法、行政诉讼法的相关规定提起公益诉讼。”

二十一、将第七十五条改为第七十八条，修改为：“负有安全生产监督管理职责的部门应当建立安全生产违法行为信息库，如实记录生产经营单位及其有关从业人员的安全生产违法行为信息；对违法行为情节严重的生产经营单位及其有关从业人员，应当及时向社会公告，并通报行业主管部门、投资主管部门、自然资源主管部门、生态环境主管部门、证券监督管理机构以及有关金融机构。有关部门和机构应当对存在失信行为的生产经营单位及其有关从业人员采取加大执法检查频次、暂停项目审批、上调有关保险费率、行业或者职业禁入等联合惩戒措施，并向社会公示。

“负有安全生产监督管理职责的部门应当加强对生产经营单位行政处罚信息的及时归集、共享、应用和公开，对生产经营单位作出处罚决定后七个工作日内在监督管理部门公示系统予以公开曝光，强化对违法失信生产经营单位及其有关从业人员的社会监督，提高全社会安全生产诚信水平。”

二十二、将第七十六条改为第七十九条，修改为：“国家加强生产安全事故应急能力建设，在重点行业、领域建立应急救援基地和应急救援队伍，并由国家安全生产应急救援机构统一协调指挥；鼓励生产经营单位和其他社会力量建立应急救援队伍，配备相应的应急救援装备和物资，提高应急救援的专业化水平。

“国务院应急管理部门牵头建立全国统一的生产安全事故应急救援信息系统，国务院交通运输、住房和城乡建设、水利、民航等有关部门和县级以上地方人民政府建立健全相关行业、领域、地区的生产安全事故应急救援信息系统，实现互联互通、信息共享，通过推行网上安全信息采集、安全监管和监测预警，提升监管的精准化、智能化水平。”

二十三、将第七十七条改为第八十条，增加一款，作为第二款：“乡镇人民政府和街道办事处，以及开发区、工业园区、港区、风景区等应当制定相应的生产安全事故应急救援预案，协助人民政府有关部门或者按照授权依法履行生产安全事故应急救援工作职责。”

二十四、将第八十三条改为第八十六条，第一款修改为：“事故调查处理应当按照科学严谨、依法依规、实事求是、注重实效的原则，及时、准确地查清事故原因，查明事故性质和责任，评估应急处置工作，总结事故教训，提出整改措施，并对事故责任单位和人员提出处理建议。事故调查报告应当依法及时向社会公布。事故调查和处理的具体办法由国务院制定。”

增加一款，作为第三款：“负责事故调查处理的国务院有关部门和地方人民政府应当在批复事故调查报告后一年内，组织有关部门对事故整改和防范措施落实情况进行评估，并及时向社会公开评估结果；对不履行职责导致事故整改和防范措施没有落实的有关单位和人员，应当按照有关规定追究责任。”

二十五、将第八十九条改为第九十二条，修改为：“承担安全评价、认证、检测、检验职责的机构出具失实报告的，责令停业整顿，并处三万元以上十万元以下的罚款；给他人造成损害的，依法承担赔偿责任。

“承担安全评价、认证、检测、检验职责的机构租借资质、挂靠、出具虚假报告的，没收违法所得；违法所得在十万元以上的，并处违法所得二倍以上五倍以下的罚款，没有违法所得或者违法所得不足十万元的，单处或者并处十万元以上二十万元以下的罚款；对其直接负责的主管人员和其他直接责任人员处五万元以上十万元以下的罚款；给他人造成损害的，与生产经营单位承担连带赔偿责任；构成犯罪的，依照刑法有关规定追究刑事责任。

“对有前款违法行为的机构及其直接责任人员，吊销其相应资质和资格，五年内不得从事安全评价、认证、检测、检验等工作；情节严重的，实行终身行业和职业禁入。”

二十六、将第九十一条改为第九十四条，第一款修改为：“生产经营单位的主要负责人未履行本法规定的安全生产管理职责的，责令限期改正，处二万元以上五万元以下的罚款；逾期未改正的，处五万元以上十万元以下的罚款，责令生产经营单位停产停业整顿。”

二十七、将第九十二条改为第九十五条，修改为：“生产经营单位的主要负责人未履行本法规定的安全生产管理职责，导致发生生产安全事故的，由应急管理部门依照下列规定处以罚款：

“（一）发生一般事故的，处上一年年收入百分之四十的罚款；

“（二）发生较大事故的，处上一年年收入百分之六十的罚款；

“（三）发生重大事故的，处上一年年收入百分之八十的罚款；

“（四）发生特别重大事故的，处上一年年收入百分之一百的罚款。”

二十八、将第九十三条改为第九十六条，修改为：“生产经营单位的其他负责人和安全生产管理人员未履行本法规定的安全生产管理职责的，责令限期改正，处一万元以上三万元以下的罚款；导致发生生产安全事故的，暂停或者吊销其与安全生产有关的资格，并处上一年年收入百分之二十以上百分之五十以下的罚款；构成犯罪的，依照刑法有关规定追究刑事责任。”

二十九、将第九十四条改为第九十七条，修改为：“生产经营单位有下列行为之一的，责令限期改正，处十万元以下的罚款；逾期未改正的，责令停产停业整顿，并处十万元以上二十万元以下的罚款，对其直接负责的主管人员和其他直接责任人员处二万元以上五万元以下的罚款：

“（一）未按照规定设置安全生产管理机构或者配备安全生产管理人员、注册安全工程师的；

“（二）危险物品的生产、经营、储存、装卸单位以及矿山、金属冶炼、建筑施工、运输单位的主要负责人和安全生产管理人员未按照规定经考核合格的；

“（三）未按照规定对从业人员、被派遣劳动者、实习学生进行安全生产教育和培训，或者未按照规定如实告知有关的安全生产事项的；

“（四）未如实记录安全生产教育和培训情况的；

“（五）未将事故隐患排查治理情况如实记录或者未向从业人员通报的；

“（六）未按照规定制定生产安全事故应急救援预案或者未定期组织演练的；

“（七）特种作业人员未按照规定经专门的安全作业培训并取得相应资格，上岗作业的。”

三十、将第九十五条改为第九十八条，修改为：“生产经营单位有下列行为之一的，责令停止建设或者停产停业整顿，限期改正，并处十万元以上五十万元以下的罚款，对其直接负责的主管人员和其他直接责任人员处二万元以上五万元以下的罚款；逾期未改正的，处五十万元以上一百万元以下的罚款，对其直接负责的主管人员和其他直接责任人员处五万元以上十万元以下的罚款；构成犯罪的，依照刑法有关规定追究刑事责任：

“（一）未按照规定对矿山、金属冶炼建设项目或者用于生产、储存、装卸危险物品的建设项目进行安全评价的；

“（二）矿山、金属冶炼建设项目或者用于生产、储存、装卸危险物品的建设项目没有安全设施设计或者安全设施设计未按照规定报经有关部门审查同意的；

“（三）矿山、金属冶炼建设项目或者用于生产、储存、装卸危险物品的建设项目的施工单位未按照批准的安全设施设计施工的；

“（四）矿山、金属冶炼建设项目或者用于生产、储存、装卸危险物品的建设项目竣工投入生产或者使用前，安全设施未经验收合格的。”

三十一、将第九十六条改为第九十九条，增加两项，作为第四项、第八项：“（四）关闭、破坏直接关系生产安全的监控、报警、防护、救生设备、设施，或者篡改、隐瞒、销毁其相关数据、信息的；

“（八）餐饮等行业的生产经营单位使用燃气未安装可燃气体报警装置的。”

三十二、将第九十八条改为第一百零一条，修改为：“生产经营单位有下列行为之一的，责令限期改正，处十万元以下的罚款；逾期未改正的，责令停产停业整顿，并处十万元以上二十万元以下的罚款，对其直接负责的主管人员和其他直接责任人员处二万元以上五万元以下的罚款；构成犯罪的，依照刑法有关规定追究刑事责任：

“（一）生产、经营、运输、储存、使用危险物品或者处置废弃危险物品，未建立专门安全管理制度、未采取可靠的安全措施的；

“（二）对重大危险源未登记建档，未进行定期检测、评估、监控，未制定应急预案，或者未告知应急措施的；

“（三）进行爆破、吊装、动火、临时用电以及国务院应急管理部门会同国务院有关部门规定的其他危险作业，未安排专门人员进行现场安全管理的；

“（四）未建立安全风险分级管控制度或者未按照安全风险分级采取相应管控措施的；

“（五）未建立事故隐患排查治理制度，或者重大事故隐患排查治理情况未按照规定报告的。”

三十三、将第九十九条改为第一百零二条，修改为：“生产经营单位未采取措施消除事故隐患的，责令立即消除或者限期消除，处五万元以下的罚款；生产经营单位拒不执行的，责令停产停业整顿，对其直接负责的主管人员和其他直接责任人员处五万元以上十万元以下的罚款；构成犯罪的，依照刑法有关规定追究刑事责任。”

三十四、将第一百条改为第一百零三条，增加一款，作为第三款：“矿山、金属冶炼建设项目和用于生产、储存、装卸危险物品的建设项目的施工单位未按照规定对施工项目进行安全管理的，责令限期改正，处十万元以下的罚款，对其直接负责的主管人员和其他直接责任人员处二万元以下的罚款；逾期未改正的，责令停产停业整顿。以上施工单位倒卖、出租、出借、挂靠或者以其他形式非法转让施工资质的，责令停产停业整顿，吊销资质证书，没收违法所得；违法所得十万元以上的，并处违法所得二倍以上五倍以下的罚款，没有违法所得或者违法所得不足十万元的，单处或者并处十万元以上二十万元以下的罚款；对其直接负责的主管人员和其他直接责任人员处五万元以上十万元以下的罚款；构成犯罪的，依照刑法有关规定追究刑事责任。”

三十五、将第一百零四条改为第一百零七条，修改为：“生产经营单位的从业人员不落实岗位安全责任，不服从管理，违反安全生产规章制度或者操作规程的，由生产经营单位给予批评教育，依照有关规章制度给予处分；构成犯罪的，依照刑法有关规定追究刑事责任。”

三十六、增加一条，作为第一百零九条：“高危行业、领域的生产经营单位未按照国家规定投保安全生产责任保险的，责令限期改正，处五万元以上十万元以下的罚款；逾期未改正的，处十万元以上二十万元以下的罚款。”

三十七、增加一条，作为第一百一十二条：“生产经营单位违反本法规定，被责令改正且受到罚款处罚，拒不改正的，负有安全生产监督管理职责的部门可以自作出责令改正之日的次日起，按照原处罚数额按日连续处罚。”

三十八、将第一百零八条改为第一百一十三条，修改为：“生产经营单位存在下列情形之一的，负有安全生产监督管理职责的部门应当提请地方人民政府予以关闭，有关部门应当依法吊销其有关证照。生产经营单位主要负责人五年内不得担任任何生产经营单位的主要负责人；情节严重的，终身不得担任本行业生产经营单位的主要负责人：

“（一）存在重大事故隐患，一百八十日内三次或者一年内四次受到本法规定的行政处罚的；

“（二）经停产停业整顿，仍不具备法律、行政法规和国家标准或者行业标准规定的安全生产条件的；

“（三）不具备法律、行政法规和国家标准或者行业标准规定的安全生产条件，导致发生重大、特别重大生产安全事故的；

“（四）拒不执行负有安全生产监督管理职责的部门作出的停产停业整顿决定的。”

三十九、将第一百零九条改为第一百一十四条，修改为：“发生生产安全事故，对负有责任的生产经营单位除要求其依法承担相应的赔偿等责任外，由应急管理部门依照下列规定处以罚款：

“（一）发生一般事故的，处三十万元以上一百万元以下的罚款；

“（二）发生较大事故的，处一百万元以上二百万元以下的罚款；

“（三）发生重大事故的，处二百万元以上一千万元以下的罚款；

“（四）发生特别重大事故的，处一千万元以上二千万元以下的罚款。

“发生生产安全事故，情节特别严重、影响特别恶劣的，应急管理部门可以按照前款罚款数额的二倍以上五倍以下对负有责任的生产经营单位处以罚款。”

四十、将第一百一十条改为第一百一十五条，修改为：“本法规定的行政处罚，由应急管理部门和其他负有安全生产监督管理职责的部门按照职责分工决定；其中，根据本法第九十五条、第一百一十条、第一百一十四条的规定应当给予民航、铁路、电力行业的生产经营单位及其主要负责人行政处罚的，也可以由主管的负有安全生产监督管理职责的部门进行处罚。予以关闭的行政处罚，由负有安全生产监督管理职责的部门报请县级以上人民政府按照国务院规定的权限决定；给予拘留的行政处罚，由公安机关依照治安管理处罚的规定决定。”

四十一、将第一百一十三条改为第一百一十八条，第二款修改为：“国务院应急管理部门和其他负有安全生产监督管理职责的部门应当根据各自的职责分工，制定相关行业、领域重大危险源的辨识标准和重大事故隐患的判定标准。”

四十二、对部分条文作以下修改：

（一）将第二十条、第二十四条、第二十七条、第三十五条、第四十条、第五十九条、第六十二条、第七十三条、第八十六条、第一百零六条中的“安全生产监督管理部门”修改为“应急管理部门”，第三十一条中的“安全生产监督管理部门”修改为“负有安全生产监督管理职责的部门”，第四十条中的“吊装”修改为“吊装、动火、临时用电”。

（二）将第十四条中的“生产安全事故责任人员”修改为“生产安全事故责任单位和责任人员”。

（三）将第十九条中的“安全生产责任制”修改为“全员安全生产责任制”。

（四）将第二十一条、第二十四条中的“道路运输单位”修改为“运输单位”，“储存”修改为“储存、装卸”；将第三十一条第二款中的“储存”修改为“储存、装卸”。

（五）将第三十九条第二款、第一百零二条第二项中的“锁闭、封堵”修改为“占用、锁闭、封堵”，“出口”修改为“出口、疏散通道”。

（六）将第六十四条中的“监督执法”修改为“行政执法”。

（七）删去第六十八条中的“行政”。

（八）将第八十四条中的“第八十七条”修改为“第九十条”。

（九）删去第九十六条、第一百条、第一百零一条、第一百零二条中的“可以”。

本决定自 2021 年 9 月 1 日起施行。

《中华人民共和国安全生产法》根据本决定作相应修改并对条文顺序作相应调整，重新公布。

附录二

中华人民共和国刑法（节录）

（1979年7月1日第五届全国人民代表大会第二次会议通过　1997年3月14日第八届全国人民代表大会第五次会议修订　根据1998年12月29日第九届全国人民代表大会常务委员会第六次会议通过的《全国人民代表大会常务委员会关于惩治骗购外汇、逃汇和非法买卖外汇犯罪的决定》、1999年12月25日第九届全国人民代表大会常务委员会第十三次会议通过的《中华人民共和国刑法修正案》、2001年8月31日第九届全国人民代表大会常务委员会第二十三次会议通过的《中华人民共和国刑法修正案（二）》、2001年12月29日第九届全国人民代表大会常务委员会第二十五次会议通过的《中华人民共和国刑法修正案（三）》、2002年12月28日第九届全国人民代表大会常务委员会第三十一次会议通过的《中华人民共和国刑法修正案（四）》、2005年2月28日第十届全国人民代表大会常务委员会第十四次会议通过的《中华人民共和国刑法修正案（五）》、2006年6月29日第十届全国人民代表大会常务委员会第二十二次会议通过的《中华人民共和国刑法修正案（六）》、2009年2月28日第十一届全国人民代表大会常务委员会第七次会议通过的《中华人民共和国刑法修正案（七）》、2009年8月27日第十一届全国人民代表大会常务委员会第十次会议通过的《全国人民代表大会常务委员会关于修改部分法律的决定》、2011年2月25日第十一届全国人民代表大会常务委员会第十九次会议通过的《中华人民共和国刑法修正案（八）》、2015年8月29日第十二届全国人民代表大会常务委员会第十六次会议通过的《中华人民共和国刑法修正案（九）》、2017年11月4日第十二届全国人民代表大会常务委员会第三十次会议通过的《中华人民共和国刑法修正案（十）》和2020年12月26日第十三届全国人民代表大会常务委员会第二十四次会议通过的《中华人民共和国刑法修正案（十一）》修正）①

---

①　刑法、历次刑法修正案、涉及修改刑法的决定的施行日期，分别依据各法律所规定的施行日期确定。

……

第一百三十一条 航空人员违反规章制度，致使发生重大飞行事故，造成严重后果的，处三年以下有期徒刑或者拘役；造成飞机坠毁或者人员死亡的，处三年以上七年以下有期徒刑。

第一百三十二条 铁路职工违反规章制度，致使发生铁路运营安全事故，造成严重后果的，处三年以下有期徒刑或者拘役；造成特别严重后果的，处三年以上七年以下有期徒刑。

第一百三十三条 违反交通运输管理法规，因而发生重大事故，致人重伤、死亡或者使公私财产遭受重大损失的，处三年以下有期徒刑或者拘役；交通运输肇事后逃逸或者有其他特别恶劣情节的，处三年以上七年以下有期徒刑；因逃逸致人死亡的，处七年以上有期徒刑。

第一百三十三条之一 在道路上驾驶机动车，有下列情形之一的，处拘役，并处罚金：

（一）追逐竞驶，情节恶劣的；

（二）醉酒驾驶机动车的；

（三）从事校车业务或者旅客运输，严重超过额定乘员载客，或者严重超过规定时速行驶的；

（四）违反危险化学品安全管理规定运输危险化学品，危及公共安全的。

机动车所有人、管理人对前款第三项、第四项行为负有直接责任的，依照前款的规定处罚。

有前两款行为，同时构成其他犯罪的，依照处罚较重的规定定罪处罚。

第一百三十三条之二 对行驶中的公共交通工具的驾驶人员使用暴力或者抢控驾驶操纵装置，干扰公共交通工具正常行驶，危及公共安全的，处一年以下有期徒刑、拘役或者管制，并处或者单处罚金。

前款规定的驾驶人员在行驶的公共交通工具上擅离职守，与他人互殴或者殴打他人，危及公共安全的，依照前款的规定处罚。

有前两款行为，同时构成其他犯罪的，依照处罚较重的规定定罪处罚。

第一百三十四条 在生产、作业中违反有关安全管理的规定，因而发生重大伤亡事故或者造成其他严重后果的，处三年以下有期徒刑或者拘役；情节特别恶劣的，处三年以上七年以下有期徒刑。

强令他人违章冒险作业，或者明知存在重大事故隐患而不排除，仍冒险组织作业，因而发生重大伤亡事故或者造成其他严重后果的，处五年以下有期徒刑或者拘役；情节特别恶劣的，处五年以上有期徒刑。

第一百三十四条之一 在生产、作业中违反有关安全管理的规定，有下列情形之一，具有发生重大伤亡事故或者其他严重后果的现实危险的，处一年以下有期徒刑、拘役或者管制：

（一）关闭、破坏直接关系生产安全的监控、报警、防护、救生设备、设施，或者篡改、隐瞒、销毁其相关数据、信息的；

（二）因存在重大事故隐患被依法责令停产停业、停止施工、停止使用有关设备、设施、场所或者立即采取排除危险的整改措施，而拒不执行的；

（三）涉及安全生产的事项未经依法批准或者许可，擅自从事矿山开采、金属冶炼、建筑施工，以及危险物品生产、经营、储存等高度危险的生产作业活动的。

第一百三十五条 安全生产设施或者安全生产条件不符合国家规定，因而发生重大伤亡事故或者造成其他严重后果的，对直接负责的主管人员和其他直接责任人员，处三年以下有期徒刑或者拘役；情节特别恶劣的，处三年以上七年以下有期徒刑。

第一百三十五条之一 举办大型群众性活动违反安全管理规定，因而发生重大伤亡事故或者造成其他严重后果的，对直接负责的主管人员和其他直接责任人员，处三年以下有期徒刑或者拘役；情节特别恶劣的，处三年以上七年以下有期徒刑。

第一百三十六条 违反爆炸性、易燃性、放射性、毒害性、腐蚀性物品的管理规定，在生产、储存、运输、使用中发生重大事故，造成严重后果的，处三年以下有期徒刑或者拘役；后果特别严重的，处三年以上七年以下有期徒刑。

第一百三十七条 建设单位、设计单位、施工单位、工程监理单位违反国家规定，降低工程质量标准，造成重大安全事故的，对直接责任人员，处五年以下有期徒刑或者拘役，并处罚金；后果特别严重的，处五年以上十年以下有期徒刑，并处罚金。

第一百三十八条 明知校舍或者教育教学设施有危险，而不采取措施或者不及时报告，致使发生重大伤亡事故的，对直接责任人员，处三年以下有期徒刑或者拘役；后果特别严重的，处三年以上七年以下有期徒刑。

第一百三十九条 违反消防管理法规，经消防监督机构通知采取改正措施而拒绝执行，造成严重后果的，对直接责任人员，处三年以下有期徒刑或者拘役；后果特别严重的，处三年以上七年以下有期徒刑。

第一百三十九条之一 在安全事故发生后，负有报告职责的人员不报或者谎报事故情况，贻误事故抢救，情节严重的，处三年以下有期徒刑或者拘役；情节特别严重的，处三年以上七年以下有期徒刑。

……

安全生产许可证条例

（2004年1月13日国务院令第397号公布　根据2013年7月18日《国务院关于废止和修改部分行政法规的决定》第一次修订　根据2014年7月29日《国务院关于修改部分行政法规的决定》第二次修订）

第一条　为了严格规范安全生产条件，进一步加强安全生产监督管理，防止和减少生产安全事故，根据《中华人民共和国安全生产法》的有关规定，制定本条例。

第二条　国家对矿山企业、建筑施工企业和危险化学品、烟花爆竹、民用爆炸物品生产企业（以下统称企业）实行安全生产许可制度。

企业未取得安全生产许可证的，不得从事生产活动。

第三条　国务院安全生产监督管理部门负责中央管理的非煤矿矿山企业和危险化学品、烟花爆竹生产企业安全生产许可证的颁发和管理。

省、自治区、直辖市人民政府安全生产监督管理部门负责前款规定以外的非煤矿矿山企业和危险化学品、烟花爆竹生产企业安全生产许可证的颁发和管理，并接受国务院安全生产监督管理部门的指导和监督。

国家煤矿安全监察机构负责中央管理的煤矿企业安全生产许可证的颁发和管理。

在省、自治区、直辖市设立的煤矿安全监察机构负责前款规定以外的其他煤矿企业安全生产许可证的颁发和管理，并接受国家煤矿安全监察机构的指导和监督。

第四条　省、自治区、直辖市人民政府建设主管部门负责建筑施工企业安全生产许可证的颁发和管理，并接受国务院建设主管部门的指导和监督。

第五条　省、自治区、直辖市人民政府民用爆炸物品行业主管部门负责民用爆炸物品生产企业安全生产许可证的颁发和管理，并接受国务院民用爆炸物品行业主管部门的指导和监督。

第六条　企业取得安全生产许可证，应当具备下列安全生产条件：

（一）建立、健全安全生产责任制，制定完备的安全生产规章制度和操作规程；

（二）安全投入符合安全生产要求；

（三）设置安全生产管理机构，配备专职安全生产管理人员；

（四）主要负责人和安全生产管理人员经考核合格；

（五）特种作业人员经有关业务主管部门考核合格，取得特种作业操作资格证书；

（六）从业人员经安全生产教育和培训合格；

（七）依法参加工伤保险，为从业人员缴纳保险费；

（八）厂房、作业场所和安全设施、设备、工艺符合有关安全生产法律、法规、标准和规程的要求；

（九）有职业危害防治措施，并为从业人员配备符合国家标准或者行业标准的劳动防护用品；

（十）依法进行安全评价；

（十一）有重大危险源检测、评估、监控措施和应急预案；

（十二）有生产安全事故应急救援预案、应急救援组织或者应急救援人员，配备必要的应急救援器材、设备；

（十三）法律、法规规定的其他条件。

第七条 企业进行生产前，应当依照本条例的规定向安全生产许可证颁发管理机关申请领取安全生产许可证，并提供本条例第六条规定的相关文件、资料。安全生产许可证颁发管理机关应当自收到申请之日起45日内审查完毕，经审查符合本条例规定的安全生产条件的，颁发安全生产许可证；不符合本条例规定的安全生产条件的，不予颁发安全生产许可证，书面通知企业并说明理由。

煤矿企业应当以矿（井）为单位，依照本条例的规定取得安全生产许可证。

第八条 安全生产许可证由国务院安全生产监督管理部门规定统一的式样。

第九条 安全生产许可证的有效期为3年。安全生产许可证有效期满需要延期的，企业应当于期满前3个月向原安全生产许可证颁发管理机关办理延期手续。

企业在安全生产许可证有效期内，严格遵守有关安全生产的法律法规，未发生死亡事故的，安全生产许可证有效期届满时，经原安全生产许可证颁发管理机关同意，不再审查，安全生产许可证有效期延期3年。

第十条 安全生产许可证颁发管理机关应当建立、健全安全生产许可证档案管理制度，并定期向社会公布企业取得安全生产许可证的情况。

第十一条 煤矿企业安全生产许可证颁发管理机关、建筑施工企业安全生产许可证颁发管理机关、民用爆炸物品生产企业安全生产许可证颁发管理机关，应当每年向同级安全生产监督管理部门通报其安全生产许可证颁发和管理情况。

第十二条 国务院安全生产监督管理部门和省、自治区、直辖市人民政府安全生产监督管理部门对建筑施工企业、民用爆炸物品生产企业、煤矿企业取得安全生产许可证的情况进行监督。

第十三条 企业不得转让、冒用安全生产许可证或者使用伪造的安全生产许可证。

第十四条 企业取得安全生产许可证后，不得降低安全生产条件，并应当加强日常安全生产管理，接受安全生产许可证颁发管理机关的监督检查。

安全生产许可证颁发管理机关应当加强对取得安全生产许可证的企业的监督检查，发现其不再具备本条例规定的安全生产条件的，应当暂扣或者吊销安全生产许可证。

第十五条 安全生产许可证颁发管理机关工作人员在安全生产许可证颁发、管理和监督检查工作中，不得索取或者接受企业的财物，不得谋取其他利益。

第十六条 监察机关依照《中华人民共和国行政监察法》的规定，对安全生产许可证颁发管理机关及其工作人员履行本条例规定的职责实施监察。

第十七条 任何单位或者个人对违反本条例规定的行为，有权向安全生产许可证颁发管理机关或者监察机关等有关部门举报。

第十八条 安全生产许可证颁发管理机关工作人员有下列行为之一的，给予降级或者撤职的行政处分；构成犯罪的，依法追究刑事责任：

（一）向不符合本条例规定的安全生产条件的企业颁发安全生产许可证的；

（二）发现企业未依法取得安全生产许可证擅自从事生产活动，不依法处理的；

（三）发现取得安全生产许可证的企业不再具备本条例规定的安全生产条件，不依法处理的；

（四）接到对违反本条例规定行为的举报后，不及时处理的；

（五）在安全生产许可证颁发、管理和监督检查工作中，索取或者接受企业的财物，或者谋取其他利益的。

第十九条 违反本条例规定，未取得安全生产许可证擅自进行生产的，责令停止生产，没收违法所得，并处 10 万元以上 50 万元以下的罚款；造成重大事故或者其他严重后果，构成犯罪的，依法追究刑事责任。

第二十条 违反本条例规定，安全生产许可证有效期满未办理延期手续，继续进行生产的，责令停止生产，限期补办延期手续，没收违法所得，并处 5 万元以上 10 万元以下的罚款；逾期仍不办理延期手续，继续进行生产的，依照本条例第十九条的规定处罚。

第二十一条 违反本条例规定，转让安全生产许可证的，没收违法所得，处 10 万元以上 50 万元以下的罚款，并吊销其安全生产许可证；构成犯罪的，依法追究刑事责任；接受转让的，依照本条例第十九条的规定处罚。

冒用安全生产许可证或者使用伪造的安全生产许可证的，依照本条例第十九条的规定处罚。

第二十二条 本条例施行前已经进行生产的企业，应当自本条例施行之日起1年内，依照本条例的规定向安全生产许可证颁发管理机关申请办理安全生产许可证；逾期不办理安全生产许可证，或者经审查不符合本条例规定的安全生产条件，未取得安全生产许可证，继续进行生产的，依照本条例第十九条的规定处罚。

第二十三条 本条例规定的行政处罚，由安全生产许可证颁发管理机关决定。

第二十四条 本条例自公布之日起施行。

最高人民法院、最高人民检察院关于办理危害生产安全刑事案件适用法律若干问题的解释

（2015年11月9日最高人民法院审判委员会第1665次会议、2015年12月9日最高人民检察院第十二届检察委员会第44次会议通过 2015年12月14日最高人民法院、最高人民检察院公告公布 自2015年12月16日起施行 法释〔2015〕22号）

为依法惩治危害生产安全犯罪，根据刑法有关规定，现就办理此类刑事案件适用法律的若干问题解释如下：

第一条 刑法第一百三十四条第一款规定的犯罪主体，包括对生产、作业负有组织、指挥或者管理职责的负责人、管理人员、实际控制人、投资人等人员，以及直接从事生产、作业的人员。

第二条 刑法第一百三十四条第二款规定的犯罪主体，包括对生产、作业负有组织、指挥或者管理职责的负责人、管理人员、实际控制人、投资人等人员。

第三条 刑法第一百三十五条规定的“直接负责的主管人员和其他直接责任人员”，是指对安全生产设施或者安全生产条件不符合国家规定负有直接责任的生产经营单位负责人、管理人员、实际控制人、投资人，以及其他对安全生产设施或者安全生产条件负有管理、维护职责的人员。

第四条 刑法第一百三十九条之一规定的“负有报告职责的人员”，是指负有组织、指挥或者管理职责的负责人、管理人员、实际控制人、投资人，以及其他负有报告职责的人员。

第五条 明知存在事故隐患、继续作业存在危险，仍然违反有关安全管理的规定，实施下列行为之一的，应当认定为刑法第一百三十四条第二款规定的“强令他人违章冒险作业”：

（一）利用组织、指挥、管理职权，强制他人违章作业的；

（二）采取威逼、胁迫、恐吓等手段，强制他人违章作业的；

（三）故意掩盖事故隐患，组织他人违章作业的；

（四）其他强令他人违章作业的行为。

第六条 实施刑法第一百三十二条、第一百三十四条第一款、第一百三十五条、第一百三十五条之一、第一百三十六条、第一百三十九条规定的行为，因而发生安全事故，具有下列情形之一的，应当认定为“造成严重后果”或者“发生重大伤亡事故或者造成其他严重后果”，对相关责任人员，处三年以下有期徒刑或者拘役：

（一）造成死亡一人以上，或者重伤三人以上的；

（二）造成直接经济损失一百万元以上的；

（三）其他造成严重后果或者重大安全事故的情形。

实施刑法第一百三十四条第二款规定的行为，因而发生安全事故，具有本条第一款规定情形的，应当认定为“发生重大伤亡事故或者造成其他严重后果”，对相关责任人员，处五年以下有期徒刑或者拘役。

实施刑法第一百三十七条规定的行为，因而发生安全事故，具有本条第一款规定情形的，应当认定为“造成重大安全事故”，对直接责任人员，处五年以下有期徒刑或者拘役，并处罚金。

实施刑法第一百三十八条规定的行为，因而发生安全事故，具有本条第一款第一项规定情形的，应当认定为“发生重大伤亡事故”，对直接责任人员，处三年以下有期徒刑或者拘役。

第七条 实施刑法第一百三十二条、第一百三十四条第一款、第一百三十五条、第一百三十五条之一、第一百三十六条、第一百三十九条规定的行为，因而发生安全事故，具有下列情形之一的，对相关责任人员，处三年以上七年以下有期徒刑：

（一）造成死亡三人以上或者重伤十人以上，负事故主要责任的；

（二）造成直接经济损失五百万元以上，负事故主要责任的；

（三）其他造成特别严重后果、情节特别恶劣或者后果特别严重的情形。

实施刑法第一百三十四条第二款规定的行为，因而发生安全事故，具有本条第一款规定情形的，对相关责任人员，处五年以上有期徒刑。

实施刑法第一百三十七条规定的行为，因而发生安全事故，具有本条第一款规定情形的，对直接责任人员，处五年以上十年以下有期徒刑，并处罚金。

实施刑法第一百三十八条规定的行为，因而发生安全事故，具有下列情形之一的，对直接责任人员，处三年以上七年以下有期徒刑：

（一）造成死亡三人以上或者重伤十人以上，负事故主要责任的；

（二）具有本解释第六条第一款第一项规定情形，同时造成直接经济损失五百万元以上并负事故主要责任的，或者同时造成恶劣社会影响的。

第八条 在安全事故发生后，负有报告职责的人员不报或者谎报事故情况，贻误事故抢救，具有下列情形之一的，应当认定为刑法第一百三十九条之一规定的“情节严重”：

（一）导致事故后果扩大，增加死亡一人以上，或者增加重伤三人以上，或者增加直接经济损失一百万元以上的；

（二）实施下列行为之一，致使不能及时有效开展事故抢救的：

1. 决定不报、迟报、谎报事故情况或者指使、串通有关人员不报、迟报、谎报事故情况的；

2. 在事故抢救期间擅离职守或者逃匿的；

3. 伪造、破坏事故现场，或者转移、藏匿、毁灭遇难人员尸体，或者转移、藏匿受伤人员的；

4. 毁灭、伪造、隐匿与事故有关的图纸、记录、计算机数据等资料以及其他证据的；

（三）其他情节严重的情形。

具有下列情形之一的，应当认定为刑法第一百三十九条之一规定的“情节特别严重”：

（一）导致事故后果扩大，增加死亡三人以上，或者增加重伤十人以上，或者增加直接经济损失五百万元以上的；

（二）采用暴力、胁迫、命令等方式阻止他人报告事故情况，导致事故后果扩大的；

（三）其他情节特别严重的情形。

第九条 在安全事故发生后，与负有报告职责的人员串通，不报或者谎报事故情况，贻误事故抢救，情节严重的，依照刑法第一百三十九条之一的规定，以共犯论处。

第十条 在安全事故发生后，直接负责的主管人员和其他直接责任人员故意阻挠开展抢救，导致人员死亡或者重伤，或者为了逃避法律追究，对被害人进行隐藏、遗弃，致使被害人因无法得到救助而死亡或者重度残疾的，分别依照刑法第二百三十二条、第二百三十四条的规定，以故意杀人罪或者故意伤害罪定罪处罚。

第十一条 生产不符合保障人身、财产安全的国家标准、行业标准的安全设备，或者明知安全设备不符合保障人身、财产安全的国家标准、行业标准而进行销售，致使发生安全事故，造成严重后果的，依照刑法第一百四十六条的规定，以生产、销售不符合安全标准的产品罪定罪处罚。

第十二条 实施刑法第一百三十二条、第一百三十四条至第一百三十九条之一规定的犯罪行为，具有下列情形之一的，从重处罚：

（一）未依法取得安全许可证件或者安全许可证件过期、被暂扣、吊销、注销后从事生产经营活动的；

（二）关闭、破坏必要的安全监控和报警设备的；

（三）已经发现事故隐患，经有关部门或者个人提出后，仍不采取措施的；

（四）一年内曾因危害生产安全违法犯罪活动受过行政处罚或者刑事处罚的；

（五）采取弄虚作假、行贿等手段，故意逃避、阻挠负有安全监督管理职责的部门实施监督检查的；

（六）安全事故发生后转移财产意图逃避承担责任的；

（七）其他从重处罚的情形。

实施前款第五项规定的行为，同时构成刑法第三百八十九条规定的犯罪的，依照数罪并罚的规定处罚。

第十三条 实施刑法第一百三十二条、第一百三十四条至第一百三十九条之一规定的犯罪行为，在安全事故发生后积极组织、参与事故抢救，或者积极配合调查、主动赔偿损失的，可以酌情从轻处罚。

第十四条 国家工作人员违反规定投资入股生产经营，构成本解释规定的有关犯罪的，或者国家工作人员的贪污、受贿犯罪行为与安全事故发生存在关联性的，从重处罚；同时构成贪污、受贿犯罪和危害生产安全犯罪的，依照数罪并罚的规定处罚。

第十五条 国家机关工作人员在履行安全监督管理职责时滥用职权、玩忽职守，致使公共财产、国家和人民利益遭受重大损失的，或者徇私舞弊，对发现的刑事案件依法应当移交司法机关追究刑事责任而不移交，情节严重的，分别依照刑法第三百九十七条、第四百零二条的规定，以滥用职权罪、玩忽职守罪或者徇私舞弊不移交刑事案件罪定罪处罚。

公司、企业、事业单位的工作人员在依法或者受委托行使安全监督管理职责时滥用职权或者玩忽职守，构成犯罪的，应当依照《全国人民代表大会常务委员会关于〈中华人民共和国刑法〉第九章渎职罪主体适用问题的解释》的规定，适用渎职罪的规定追究刑事责任。

第十六条 对于实施危害生产安全犯罪适用缓刑的犯罪分子，可以根据犯罪情况，禁止其在缓刑考验期限内从事与安全生产相关联的特定活动；对于被判处刑罚的犯罪分子，可以根据犯罪情况和预防再犯罪的需要，禁止其自刑罚执行完毕之日或者假释之日起三年至五年内从事与安全生产相关的职业。

第十七条 本解释自2015年12月16日起施行。本解释施行后，《最高人民法院、最高人民检察院关于办理危害矿山生产安全刑事案件具体应用法律若干问题的解释》(法释〔2007〕5号) 同时废止。最高人民法院、最高人民检察院此前发布的司法解释和规范性文件与本解释不一致的，以本解释为准。